Martin Fincke

Das Verhältnis des Allgemeinen zum Besonderen Teil des Strafrechts

Münchener Universitätsschriften · Juristische Fakultät

Abhandlungen zur rechtswissenschaftlichen Grundlagenforschung

herausgegeben im Auftrag der Juristischen Fakultät

von

Sten Gagnér

Arthur Kaufmann

Dieter Nörr

Band 23

1975

J. Schweitzer Verlag · Berlin

Martin Fincke

Das Verhältnis des Allgemeinen zum Besonderen Teil des Strafrechts

1975

J. Schweitzer Verlag · Berlin

Gedruckt mit Unterstützung aus den Mitteln der Münchener Universitätsschriften

ISBN 3 8059 0432 0

Satz: IBM-Composer Studio Feldafing. – Druck: Color-Druck, Berlin. –
Bindung: Dieter Mikolai, Berlin

Für Reinhart Maurach

VORWORT

Die vorliegende Studie trug ich im Sommer 1974 im Rahmen meiner Habilitation in groben Zügen der Juristischen Fakultät in München vor. Ich widme sie meinem Lehrer Reinhart Maurach in Dankbarkeit. Den wissenschaftlichen Assistenten Leopold-Volker Nippe und Ruth Sieveking danke ich dafür, daß sie das Manuskript auf den Stand des ab 1975 geltenden Rechts gebracht haben.

München, im März 1975 Martin Fincke

INHALTSVERZEICHNIS

EINLEITUNG

Erik Wolf hat im Jahre 1931 „Vorstudien zur Allgemeinen Lehre vom Besonderen Teil des Strafrechts“ veröffentlicht[1]. Er wollte den Grund legen für eine dogmatisch begründete Systematik des BT, deren Mangel im Vergleich zur immer feineren Systematisierung des AT ja bis heute auffallend ist. Seine Erkenntnisse zur Typik der in den Vorschriften des BT wiederkehrenden Merkmale haben sich indessen nicht als „AT des BT“ durchgesetzt, sondern haben ihren Platz im AT gefunden, großenteils in der Handlungslehre, aber in der Lehre vom Tatbestand auch insoweit, als es um die Gruppierung gewisser Tatbestände geht, die eine gemeinsame juristische Gestaltungstechnik aufweisen[2].

Soeben hat sich Wolfgang Naucke „Zum Verhältnis zwischen Allgemeinem und Besonderem Teil des Strafrechts“ geäußert[3]. Er befaßt sich mit Wert und Wertlosigkeit des Einflusses, den die Dogmatik des AT auf die Anwendung des BT hat, und betrachtet es als wichtigste Funktion des AT, Wertungsprobleme des BT lösbar zu machen, indem es sie aus begrifflicher Vereinsamung befreit, durch ein allseits akzeptiertes Konsensminimum über den Deliktsaufbau kanalisiert und als ein mit seinem „Standort“ versehenes und nun handhabbares Merkmal in den BT zurück entläßt.

Die Problematik des Verhältnisses zwischen Allgemeinem und Besonderem Teil ist offenbar sehr vielgestaltig. Wenn ich mich im folgenden wiederum mit diesem Thema befasse, so geht es mir um Fragen, die weder mit dem Wolfschen Systematisierungsansatz noch mit der Funktionsanalyse Nauckes unmittelbar zu tun haben. Ich habe mir vielmehr vorgenommen, die Selbstverständlichkeit zu begründen, daß Allgemeiner und Besonderer Teil überhaupt getrennt sein sollen, und zu zeigen, daß diese Selbstverständlichkeit der Begründung bedarf, weil allenthalben gegen den Grundsatz der Trennung verstoßen wird: sei es, daß die Doktrin im Allgemeinen Teil Besonderes Strafrecht betreibt, sei es, daß Gesetzgebung und Lehre im Besonderen Teil Fragen des AT regeln oder vermuten.

---

1 E. Wolf, Die Typen der Tatbestandsmäßigkeit, in Festschrift für Pappenheim 1931, S. 379, selbständig als Nr. 34 der Veröffentlichungen der Schleswig-Holsteinischen Universitätsgesellschaft, Breslau 1931.

2 Vgl. z.B. Maurach AT § 20 III.

3 Naucke, Der Aufbau des § 330c StGB, in Festschrift für Welzel, Berlin/New York 1974, S. 761 ff.

A. GRUNDLEGUNG

I. Die Notwendigkeit der Trennung des AT vom BT

1. Relativität dieser Einteilung

Die Einteilung des Strafrechts in einen Allgemeinen und einen Besonderen Teil ist nicht „naturgegeben".

Im alltäglichen Umgang mit dem Strafrecht erscheint es uns zwar als selbstverständlich, daß AT und BT getrennt sind und getrennt sein müssen. Und doch wissen wir, daß es über die weitaus längste Zeit der bekannten Strafrechtsgeschichte hin und in fremden Rechtsordnungen eine solche Einteilung nicht gegeben hat[4] oder gibt.

a) Es handelt sich *historisch* um eine relativ junge Erscheinung.

Die CCC enthielt nur Ansätze eines AT – gerade diese aber waren rezipiert[5] –, indem sie, zwischen Diebstahl und prozessualen Vorschriften eingeordnet, die Möglichkeit der Präventivverwahrung, die Beihilfe, den Versuch und die Zurechnungsunfähigkeit gesondert regelte[6]. Die Notwehr erschien aber allein im Zusammenhang mit den Tötungsdelikten[7] und die Anstiftung war über den BT verstreut. Zudem wollten auch die genannten allgemeinen Vorschriften nicht abschließend verstanden sein. So wurden Versuch[8] und Teilnahme[9] auch in Einzeltatbeständen gesondert beschrieben und unter Strafe gestellt, wenn auch die allgemeine Norm einige typische Versuchstatbestände ablöste[10]. Ein Sonderfall der Zurechnungsunfähigkeit – das kindliche Alter – fand bezeichnenderweise im Rahmen des Diebstahls Berücksichtigung, so daß der kindliche Diebstahl als BT-Tatbestand auftritt[11]. Auch heute erscheint diese Einordnung verständlich, wo der Diebstahl 65% der Jugendkriminalität ausmacht und die Strafmündigkeit daher fast ausschließlich bei diesem Delikt relevant wird.

Erst Pufendorf gelang es mit seiner Imputationslehre, in der Kausalität das Typmerkmal aller Teilnahmeerscheinungen zu finden und so über die italienische Lehre hinaus eine plausible

---

4 Zur Zeit vor der Rezeption in Deutschland vgl. Eb. Schmidt, Einführung in die Geschichte der deutschen Strafrechtspflege, 3. Aufl. 1965, S. 73.

5 Eb. Schmidt a.a.O. S. 117.

6 Art. 176–179 CCC.

7 Art. 140 ff. CCC. Erst seit Carpzov werden über Leib und Leben hinaus auch andere Rechtsgüter verteidigungsfähig (Eb. Schmidt a.a.O. S. 171). Dennoch bedeutet die Regelung schon der CCC nach Eb. Schmidt a.a.O. S. 120 einen Schritt zur *allgemeinen* Klärung der Rechtfertigungs- und Entschuldigungsgründe. Denn mit der Beispieltechnik im „BT" unter gleichzeitiger Verweisung des Richters an den Juristenrat deutet die CCC an, daß allgemeine Normen gefunden werden.

8 Vgl. Art. 119 S. 2: versuchte Notzucht.

9 Vgl. Art. 107: Anstiftung zum Meineid; Art. 148: Mittäterschaft bei Tötung.

10 Eb. Schmidt a.a.O. S. 120.

11 Art. 164 CCC.

Abgrenzung zwischen AT und BT in diesem Bereich zu ermöglichen: Begünstigung und Hehlerei scheiden als auxilium post delictum aus dem Teilnahmebereich aus[12]. Freilich handelten die Gesetze, auch soweit sie den AT aussonderten, noch lange nicht nach dieser Erkenntnis und tun es im Ausland auch heute nicht.

Wenn die französischen und die deutschen partikularen Kodifikationen erst gegen Ende der Aufklärung, um die Wende des 18. zum 19. Jhd. den AT ausgliederten[13], so geschah es gewiß primär aus dem – später angefochtenen[14] – allgemeinen Interesse der damaligen Gesetzgebung an rationell-systematischer Technik unter dem Einfluß des Glaubens der Zeit an die Möglichkeit eines widerspruchsfreien Systems; sekundär aber auch aus dem Gedanken der lex stricta[15], weil die Integration allgemeiner Strafausweitungs- oder -begrenzungsregeln in den BT dem Richter notwendig größere Gestaltungsfreiheit läßt[16] und einer Dogmatik den Durchbruch zur Praxis erschwert. Dieses Bestreben erklärt aber vorerst nur das zeitgeschichtliche Klima, das die Trennung der Teile nahelegte. Der Rückblick ergibt, daß sich aus den ursprünglich ganz auf den Einzeltatbestand ausgerichteten und BT-mäßig gegliederten Gesetzen einerseits die Prozeßnormen, andererseits die allgemeinen Verbrechensmerkmale ausgliederten und daß schließlich aus systematischem Bedürfnis und aus einer sehr strengen Auffassung des Gesetzgebungsmonopols alle „allgemeinen" Vorschriften des materiellen Rechts, zunächst noch zusammen mit Grundsätzen und Verbindungslinien zu anderen Rechtsgebieten[17], „vor die Klammer" des materiellen

---

12 Eb. Schmidt a.a.O. S. 176.

13 Schon das Strafrecht des preuß. ALR 1794 handelte im ersten von 17 Abschnitten „von Verbrechen und Strafen überhaupt", der wesentliche Teile unseres AT enthielt, allerdings auch Sonderdelikte (Begünstigung/Hehlerei und Nichtanzeige, §§ 80 ff., letztere wiederholt im BT, § 97), während die übrigen, den einzelnen Delikten gewidmeten Abschnitte durchaus nicht frei von Allgemeinbestimmungen war (vgl. §§ 509 ff., 1218, 1115 sowie Versuchs- und Beihilfedelikte, §§ 92, 96). Der Code pénal 1810 regelte in seinen beiden ersten Büchern die Strafen und strafbaren Personen und beeinflußte über das preuß.StGB 1851 gerade den AT unseres geltenden Rechts (Trichotomie, Versuchsbegriff, Teilnahme und Zurechnungsfähigkeit). Erst Feuerbachs BayStG 1813 stellte den beiden Büchern über Verbrechen und Vergehen einen „Allgemeinen Teil" voran und führte das Trennungsprinzip konsequent durch.

14 Zur Kritik des AT des Zivilrechts ausführl. und mit zahlr. Nachw. Wieacker, Privatrechtsgeschichte der Neuzeit, 2. Aufl. 1967, S. 486 ff.

15 So deutlich die Mot. zu Feuerbachs BayStG 1813, S. 48 ff., 134, obwohl auch hier der Vereinfachungszweck als primär angeführt wird.

16 So läßt die CCC in den o.g. (S. 3) allg. Bestimmungen die Rechtsfolge stets offen: sie verweist auf den Rat der Fakultäten.

17 So zum Zivil-, Polizei-, Sozial- und sonstigen Verwaltungsrecht im „AT" des ALR-Strafrechts, in dem der Klammergesichtspunkt noch nicht so systematisch durchgeführt war, wie später im BayStG 1813. Das zeigt sich auch in der äußerlichen Gleichordnung des den AT enthaltenden mit den übrigen, der Legalordnung folgenden Abschnitten; vgl. gegen ähnliche neuere Erscheinungen in der Sowjetunion: Durmanov, Sov. ugol. zakon, Moskau 1967, S. 75.

Strafrechts gezogen wurden. Derselbe, richterlicher Rechtsschöpfung feindliche Grund, der zur Schaffung dieses AT des Gesetzes Anlaß gab, ließ es zugleich als selbstverständlich erscheinen, daß der AT des Gesetzes mit dem des Straf*rechts* identisch sein mußte.

Aber die Verallgemeinerung hat Grenzen[18]. Im einzelnen ist die Tendenz heute sogar – aus rechtspolitischen Gründen[19] – *rückläufig.*

b) Im *Ausland* ist die Einteilung nach AT und BT auch heute noch nicht überall anzutreffen. Das gilt vor allem für den angelsächsischen Bereich, wo das Fehlen eines AT aber zunehmend als Mangel empfunden wird[20]. Die Sowjetunion kannte in ihrer kurzen Geschichte sogar beides: ein StGB ohne BT[21] und eines ohne AT[22]. Für den ersten Fall sah sie sich grundsätzlichen rechtsstaatlichen Angriffen ausgesetzt: nicht nur wegen des ohne BT ausschlaggebenden materiellen Verbrechensbegriffes, sondern weil der BT in Wahrheit aus einer Verweisung auf Ad-hoc-Dekrete und auf das revolutionäre Rechtsbewußtsein des Richters bestand. Hier zeigte sich, daß man auf einen AT eher verzichten kann; denn der Schwerpunkt der Wertung – Bestimmung des Rechtsgutes und Unrechts – liegt im BT. Im zweiten Fall – dem StGB ohne AT – handelt es sich lediglich um anachronistische Technik; denn die allgemeinen Bestimmungen fehlten nicht, sondern waren nur – wie im ALR – in den BT als dessen erster Abschnitt integriert.

c) Auch *systematisch* ist die Einteilung relativ. Die Grenze der Verallgemeinerung ist nicht logisch bestimmt. Bezeichnet man den AT als „Stamm plus Äste", den BT als „Zweige plus Blätter" ein und desselben Baumes[23], so wird erkennbar, daß die Grenze zwischen „Ast" und „Zweig" fließt[24]. Dies gilt also schon im Verhältnis des Generellen zum Speziellen:

Es ist relativ, ob die Rücknehmbarkeit des Strafantrags, wie bisher, bei den Einzelantragserfordernissen des BT geregelt ist oder, wie künftig, im AT zentral bestimmt wird: ihre Natur verändert die Bestimmung dadurch nicht. Hier herrscht pure Zweckmäßigkeit.

Es ist aber auch relativ, ob die Straffreiheit wegen unvermeidbaren Verbotsirrtums wie früher allein im AT erscheint oder, wie jetzt, im BT teilweise weiter davon abhängt, ob die

---

18 Näher unten A I 1 d.

19 So die Forderung Tiedemanns, 49. DJT 1972, C 51 ff., weil bei zu weitgehender Verallgemeinerung Spezifika der Wirtschaftskriminalität nicht mehr erfaßt werden könnten, was er am Bsp. von Versuch, Teilnahme, Verbotsirrtum und Verjährung belegt. Allgemein über die Kehrtwendung zum „Besonderen": Tiedemann ZStW 86 (1974), 304.

20 Nachw. bei Jescheck AT 2. Aufl. S. 150.

21 „Leitende Grundsätze" von 1919; vgl. auch Entw. Krylenko 1930.

22 StGB BSSR 1928–1960.

23 Merkel, Grünhuts Ztschr. I 1874, S. 7.

24 Mezger-Blei AT 15. A. S. 2: Sache der Überlieferung und des persönlichen Ermessens.

Unterlassung der Straftat nicht dennoch zumutbar gewesen wäre (vgl. § 113 IV 2 StGB). Hier herrschen weder Technik noch Logik, sondern die Wertentscheidung des Gesetzgebers.

Nun kommt aber noch hinzu, daß, wie angedeutet, der AT sich zum BT gar nicht durchgängig wie das Allgemeine zum Besonderen verhält. Das System ist also doppelt relativiert. Daß freilich überhaupt eine wissenschaftliche Systemeinheit notwendig ist, bestreiten auch die Gegner zu weitgehender Generalisierung nicht. Diese Notwendigkeit beruht auf dem „unbeweisbaren Axiom, daß die Strafrechtsordnung Ordnung, nicht Unordnung sein soll“[25].

d) Generalisierung als „Fortschritt“

Seitdem die Einteilung des Strafrechts in einen Allgemeinen und einen Besonderen Teil in die europäische Gesetzgebung Eingang gefunden hatte, ist eine langsame aber stetige weitere Generalisierung in Gesetzgebung[26], Rechtsprechung und Lehre[27] zu beobachten. Diente die Aussonderung eines AT zu Beginn noch der Kodifikationstechnik und dem Ziel, die uneingeschränkte Geltung des nullum-crimen-Satzes durchzusetzen, so erlebte die „Generalisierungsbewegung“ am Ende des 19. Jhd. ihren neuen Höhepunkt aus einem wissenschaftlichen Konzept: Merkel[28] beklagte den „Cultus des Einzelnen“, der eine chaotische Menge von Erkenntnissen hervorgebracht und in allen Wissenschaften das Bedürfnis geweckt habe, „vom Besonderen zum Allgemeinen“ aufzusteigen. Aus der „zentripetalen“ Tendenz der Philosophie ergebe sich das Wesen jedes AT: er enthalte die Elemente *„an sich“*, aus denen sich die besonderen Rechtssätze zusammensetzen, und charakterisiere ihr allgemeines Verhalten zueinander. Da sich aber jede Gruppe „besonderer“ Rechtssätze bei höherer Entwicklung selbst in Teile sondert, werden diese Teile wiederum einen AT „ausscheiden“, so daß sich das Recht stets als eine Hierarchie „Allgemeiner Teile“ präsentiert und auf höchster Abstraktionsstufe schließlich sämtliche Wissenschaften in der Philosophie ihren „AT“ finden[29].

Der Vorschlag gipfelt in der Empfehlung, künftig eher den AT als den BT zu erforschen, weil die Untersuchungen zum BT als ständiger Aufbau und Abriß nur einen „Haufen kostbarer Trümmer zurücklassen“, während Untersuchungen zum AT, das Ganze zum Ausgangspunkt nehmend, fruchtbar ineinander greifend, gemeinsamen Fortschritt brächten.

Selbst heute noch ist die Vorstellung verbreitet, daß der Besondere Teil gleichsam als „Kandidatenstadium“ für Rechtsnormen fungiere, die sich hier am Ein-

25 Zimmerl, Aufbau des Strafrechtssystems 1930, S. 1 f.

26 Das neue StGB 1975 generalisiert z.B. rechtfertigenden Notstand (§ 34), das Recht zur Antragsrücknahme (§ 77d) und den Verfall (§§ 73 ff.).

27 Vgl. die Rechtfertigungsgründe der §§ 226a, 193 und des Notstandes.

28 Merkel, Über das Verhältnis der Rechtsphilosophie zur „positiven“ Rechtswissenschaft und zum Allgemeinen Teil derselben, in: Grünhut's Ztschr. I 1874 S. 1–10, 402–421.

29 Zu dem frappierend ähnlichen Konzept der heutigen sowjetischen Rechtstheorie ausführlich Bilinsky, Jahrbuch für Ostrecht XIV 1973, S. 7 ff.

zeltatbestand bewähren müssen, um im Falle seiner Läuterung als generelle Vorschrift in den AT Aufnahme finden zu können. Historisch ist dieser Vorgang in der Tat geeignet, einen Teil der AT-Bildung zu erklären[30]. Selbstverständlich bedeutet diese Erkenntnis aber nicht, daß BT-Normen prinzipiell als „potentielle AT-Normen" und der BT als „Vorhof" des AT mit der Tendenz zur Selbstauflösung verstanden werden dürfe.

Im Gegenteil: gegenwärtig sind wir Zeuge einer eher rückläufigen Bewegung im Zeichen einer fundamentalen AT-Kritik. Diese Kritik bezieht sich einmal darauf, daß der klassische AT – wenngleich gerade erst endgültig als Zentrum allen deutschen Strafrechts etabliert[31] – nicht tauglich sei, allen modernen Zweigen des Strafrechts gerecht zu werden[32]. Aber auch abgesehen hiervon hat die Verallgemeinerung Grenzen. Der Glaube an die Möglichkeit oder auch nur Wünschbarkeit eines geschlossenen Strafrechtssystems hat nachgelassen[33]. Im einzelnen ist die Tendenz sogar dann rückläufig, wenn man den AT in den betroffenen Bereichen auf eine höhere Abstraktionsebene hebt[34].

Die häufige Klage über die angebliche dogmatische Armut des BT läßt erkennen, daß auch die Wissenschaft empfindet, daß sie den AT – nicht zuletzt aus einem Mißverständnis über seinen Inhalt[35] – über Gebühr aufgebläht hat. Mit der – durch Erik Wolf in der oben zitierten Weise bekämpften – Tendenz, alles „Allgemeine", und damit letztlich jede wissenschaftliche Erkenntnis in den AT zu ziehen, schuf sie den Anschein der beklagten „Armut" des BT selbst.

Tiefergreifend wird der Wert eines BT aber durch den Zeitgeist relativiert. Skepsis besteht nicht nur gegenüber der Perfektion eines Systems, das mit seiner hierarchischen Gliederung nach dem Verhältnis des Allgemeinen zum Besonderen bei zunehmender Abstraktion Gefahr läuft, den Wirklichkeitsbezug zu verlie-

---

30 Nach Eb. Schmidt a.a.O. (Fn. 4) S. 122 deutet schon die CCC mit ihrer Beispieltechnik im „BT" (s.o. A I 1 a) unter gleichzeitiger Verweisung des Richters an den Juristenrat an, daß allgemeine Normen gefunden werden müssen und können, daß die Wissenschaft aber noch nicht weit genug sei, um solche Normen schon jetzt zu positivieren. Dieser Verweis auf die Zukunft verrät zugleich die Auffassung, daß fortschrittliche Entwicklung in einer Bewegung vom BT zum AT bestehe, daß gewisse Wertvorstellungen zunächst im BT zum Ausdruck kämen, um nach einiger Läuterung allmählich in den AT aufzusteigen. Dieser Gedanke läßt sich wohl an den Bestimmungen der §§ 193, 226a und der Rspr. des RG zu § 218 a.F. verifizieren, wonach der strafrechtliche Fortschritt in induktiver Verallgemeinerung bestehe, ohne daß der BT je ganz im AT aufgehen könnte. Denn die Evolution der Wertvorstellungen sorgt für ständige „Nachfüllung" des BT einerseits und für eine Erstarrung altehrwürdiger AT-Normen (Notwehr!) andererseits.

31 Vgl. Art. 1–4 EG StGB 1974.

32 So Tiedemann 49. DJT 1972, C 51 ff. für das Wirtschaftsstrafrecht.

33 Vgl. z.B. Baumann AT 6.A. S. 288.

34 So Mezger-Blei AT 15. Aufl. S. 2.

35 Dazu unten III 2.

ren. Vielmehr gilt es auch zu erkennen, daß der AT gar kein allgemeiner ist in dem Sinne, daß er den BT als den Spezielleren in sich schlösse. Viele seiner Bestimmungen sind so speziell, daß sie auf eine weitere Konkretisierung nicht angelegt, ihrer auch nicht fähig sind.

Ein echter „AT" wäre durchaus nicht wünschenswert. Aus gutem Grund enthält der AT des Gesetzes keine noch so abstrakte materielle Definition des Verbrechens, so wie aus gutem Grund der AT des BGB eine Definition des subjektiven Rechtes meidet[36]. Diese beiden Definitionen aber wären der Schlußstein aller Hoffnungen jener, die den Fortschritt in immer weiterer Generalisierung dessen sehen, was sich im BT „am Einzelfall" bewährt hat.

2. Notwendigkeit dieser Einteilung

a) Gesetzestechnik

Trotz der prinzipiellen Relativität einer bestimmten Einteilung des Strafrechts überhaupt ist freilich unverkennbar, daß das moderne kontinentaleuropäische Strafrecht ohne AT-BT-Trennung schon rein technisch nicht kodifizierbar wäre. Daß der AT *auch* eine *Klammerfunktion* hat, läßt sich nicht leugnen.

Sie bildet sogar den historisch entscheidenden Grund für die Übernahme der Einteilung in die Gesetzgebung.

Es gibt Bestimmungen des AT, die schlechthin bei jedem Tatbestand eingreifen, etwa die über den Geltungsbereich oder – sofern überhaupt materiellrechtlich – über die Verjährung.

Die Klammerfunktion unterscheidet sich allerdings von der Integrationsfunktion eines eigentlich „allgemeinen" Teils dadurch, daß sie die „verklammerte" Materie nicht in sich schließt wie das genus proximum seine Unterbegriffe, sondern vielmehr jedem in der Klammer stehenden „Einzelnen" das „Allgemeine" ergänzend zur Seite stellen will. So kommt es, daß auch das vor der Klammer Stehende keinen höheren Abstraktionsgrad haben muß und ebenso „einzeln" sein kann wie das ergänzte „Einzelne". Eine Generalisierung liegt aber auch im so verstandenen AT, insofern seine Elemente für mehrere oder gar alle Normen des BT gelten sollen.

Es wäre aber *falsch,* den AT *ausschließlich* in dieser Funktion zu sehen. Denn einmal umfassen gewisse allgemeine Bestimmungen, etwa gerade auch die den Geltungsbereich und die Verjährung betreffenden, nicht nur den BT, sondern auch den übrigen AT[37]. Zweitens enthält auch der BT Normen, die für mehrere Deliktsgruppen gelten und sogar strafbegründend sein können, wie die als „Teil-

---

36 Hierzu und überhaupt zur AT-Kritik von zivilrechtlicher Seite Wieacker, Privatrechtsgeschichte der Neuzeit, 2.A. 1967, S. 487.

37 Welzel behandelt in § 6 seines Lehrbuchs den Geltungsbereich *vor* dem AT.

nahmedelikte“ mißverstehbaren §§ 357 und 111. Schließlich enthält der AT Bestimmungen, die nicht darauf angelegt sind, andere Normen zu ergänzen, etwa die Aufgaben des Bewährungshelfers nach § 56d III, sondern mit der einzigen Einschränkung selbständig für sich allein stehen, daß sie die Strafbarkeit nach Art und Höhe voraussetzen.

Der entscheidende Einwand gegen die durchgängige Bedeutung der Klammerfunktion aber liegt darin, daß es nicht möglich wäre, den gesamten AT *ohne sachliche Änderung* im BT unterzubringen, selbst wenn man in Kauf nähme, daß das Gesetzbuch dadurch einen nicht mehr handhabbaren Umfang erhielte. Es war ein anderer Grund als bloße Legislativökonomie maßgeblich, wenn etwa § 330a im BT[38], § 30 aber im AT geregelt ist[39]. Im folgenden wird daher über die – anerkannte – bloß technische Notwendigkeit hinaus zu fragen sein, welche sachlichen Konsequenzen es hat, ob eine Materie im einen oder anderen Bereich geregelt ist.

b) Gerechtigkeit

Die allgemeine Verbrechenslehre als Zentrum der dogmatischen Bemühungen im AT wird meist damit gerechtfertigt, daß sie der Rechtssicherheit diene[40]. Hieran ist richtig, daß eine Entscheidung kaum mehr vorhersehbar wäre, wenn sich der Richter darauf verwiesen sähe, für jeden Einzeltatbestand des BT ad hoc einen Verbrechensaufbau zu bilden, um anstehende Wertungsentscheidungen rational zu begründen, oder wenn er gar, unter dem Zwang des Zeitmangels, hierauf verzichtete.

In Frage steht aber nicht die Notwendigkeit, die einzelnen Verbrechenselemente in ein System zu bringen, sondern die Notwendigkeit, dieses System als ein *allgemein*geltendes zu entwickeln und ihm in einem gesetzlichen AT die Geltungsgrundlage zu geben. Denn selbst wenn es keinen AT gäbe – Geltungsbereich und Tatfolgen sind ohnehin kaum relevant für den Verbrechensaufbau –, würde die Dogmatik aus den im BT verstreuten Elementen dieses System schaffen müssen. Zum Vergleich steht also nicht ein System, das die heute und hier im AT erfaßten Elemente ignorierte und damit ganz ins Ermessen des Richters stellte, sondern ein System, das diese Elemente bei konkreten Tatbeständen berücksichtigt.

Stellt man einen solchen Vergleich an, so muß man zu dem umgekehrten Ergebnis kommen, daß die Domäne der Rechtssicherheit der BT ist, der unter dem

38 Befürwortet von Schneidewin in Mat. z. StrRReform Bd. 1, Bonn 1954, S. 192 gegen Maurach BT § 56 II A 1.

39 Über die Gründe für den Standort des § 30 s.u. B III 2.

40 Statt vieler Jescheck Lb. 2.A. S. 150 m.N.; Gimbernat Ordeig ZStW 82 (1970), 405; Hassemer, Strafrechtsdogmatik und Kriminalpolitik 1974, 177 ff.; Roxin, Kriminalpolitik und Strafrechtssystem 1970, S. 6 unmittelbar bezogen auf die Funktion des AT.

Gebot der lex stricta das Unrecht typisiert und die Tatschuld in den Vordergrund stellt, während der AT der Gerechtigkeit dient, indem er die vom BT vorgegebenen starren Grenzen schärfend und mildernd lockert, die Täterschuld stärker berücksichtigt und der Individualisierung dient.

Zudem trägt, wie oben festgestellt, jede Generalisierung auf der Tatbestandsseite eine prinzipiell rechtsstaatsfeindliche Tendenz zum materiellen Verbrechensbegriff in sich. Im Bereich des BT erschienen jene „Generalklauseln" unter dem Gesichtspunkt des Art. 103 II GG als schlechthin unerträglich, die im AT wie selbstverständlich hingenommen werden und in deren Rahmen sich die gesamte Dogmatik des AT ausbreiten kann, obwohl auch sie, durchaus, die Grenzen des Strafbaren bestimmen.

Der AT zeichnet sich dadurch aus, daß er die Grenzen des Strafbaren ohne Handlungsbeschreibung festlegt. Generalklauseln wie die Pönalisierung pauschal jedes „Sorgfaltverstoßes" bei Fahrlässigkeit oder Verbotsirrtum, oder jedes wie auch immer gearteten Verhaltens, sofern es nur von einer bestimmten Absicht getragen ist, beim Versuch, oder des Nichtstuns, sofern der Unterlassende nur eine nicht näher beschriebene Sonderpflicht hat, wären im BT unerträglich. Man wende nicht ein, daß der AT nicht das Gebiet strafbaren Verhaltens abstecke! So wie die Versuchsbestimmung jedenfalls für Verbrechen und die Teilnahmevorschriften nach heute h.L. eine Ausweitung der durch den BT an sich gesteckten Grenzen mit sich bringen, haben letztlich alle Materien des AT, bis hin zu den Strafzumessungsregeln[41] die Funktion, jene Grenzen zu korrigieren.

Der Grund, warum diese Diskrepanz akzeptiert wird, scheint nun der gleiche zu sein, der zu der Ansicht führen konnte, daß nur im Bereich des AT die Anwendung von Analogie und Gewohnheitsrecht auch in malam partem erlaubt sei. Zu dieser Ansicht, die eine präzise Abgrenzung der beiden Teile voraussetzt, wird sogleich Stellung zu nehmen sein[42].

Rechtsordnungen, die keinen AT kennen, bestätigen diese Funktionsverteilung. Denn dort besteht nicht nur die oben konzedierte Gefahr, daß der Richter AT-Probleme gefühlsmäßig löst, sondern mehr noch, daß er sehenden Auges zu materiell ungerechter Verurteilung oder Freisprechung gezwungen ist, weil die einzig vorhandene BT-Norm notwendig zu generell ist, so daß die Individualisierung der Gnadeninstanz überlassen bleiben muß.

II. Die Notwendigkeit einer präzisen Abgrenzung

1. Positivrechtliche Gründe

Bemerkenswert, wenn auch dogmatisch von untergeordneter Bedeutung ist, daß das Gesetz selbst an die Zugehörigkeit einer Norm zum AT oder BT gewisse Rechtsfolgen knüpft, somit von der Existenz und präzisen Abgrenzbarkeit beider Teile ausgeht. Ich denke dabei an drei Fälle.

---

41 Vgl. Bockelmann Untersuchungen 1957, S. 23 f. Jeder einzelne quantitative Abschnitt einer zugemessenen Strafe muß sich an dem Grund für das Ob, nicht nur an dem Grund für das Wie messen lassen. Wird jemand höher bestraft, weil seine Tat brutale Gesinnung verrät, so wird er insoweit *wegen* dieser Gesinnung bestraft.

42 Unten A II 2.

a) Ausschließliche Bundesgesetzgebungskompetenz auf dem Gebiet des AT

Der AT des StGB ist jetzt insofern zugleich AT des gesamten positiven Strafrechts, als er gem. Art. 1 EGStGB 1974 für alle Strafgesetze des Bundes und der Länder gilt.

Unberührt bleibt dadurch freilich eine Abweichung des AT des Strafrechts insofern, als dieses über die Gesetze hinaus auch die durch Rspr. und Lehre entwickelte Dogmatik umfaßt.

Auf die Unterscheidung zwischen AT und BT der Straf*gesetze* kam es auch schon nach Art. 2 EGStGB 1870 an[43], wenn auch nicht so deutlich wie im neuen EGStGB: jetzt ist der Landesgesetzgeber grundsätzlich ohne Vorbehalt an den AT des StGB gebunden, sofern er nicht durch Art. 2 EGStGB oder künftige besondere bundesrechtliche Vorschriften zur Abweichung ermächtigt wird. Dagegen sind die Länder auf dem Gebiet des BT im Rahmen des Art. 4 II–V EGStGB ungebunden.

b) Zweiteilung der Delikte – abstrakte Betrachtungsweise

Die Höhe der für die Einteilung der Straftaten in Verbrechen und Vergehen maßgeblichen Mindeststrafdrohung wird von einigen der Variationsmöglichkeiten, die der BT bietet, und von sämtlichen Veränderungen, die auf dem AT beruhen, nicht beeinflußt (§ 12 III StGB).

Wenn hier alle Milderungsgründe, die sich aus dem AT ergeben, ohne Rücksicht darauf, welcher Ebene des Verbrechensaufbaus sie angehören, pauschal den unbenannten, nur die Strafbemessung betreffenden Änderungsgründen des BT gleichgestellt werden, so läßt sich das nicht allein aus dem Anliegen der abstrakten Betrachtungsweise erklären. Denn jedenfalls könnten die obligatorischen Milderungen – mit Hilfe einer zusätzlichen Vorschrift auch die fakultativen[44] – berücksichtigt werden, ohne daß die Eindeutigkeit der Deliktsart schon vor der Verurteilung darunter zu leiden hätte. Wenn die Vorschrift dennoch den AT pauschal ausschließt, so gründet sie in der zutreffenden Vorstellung, daß der AT jetzt und auch künftig und auch über seine Dogmatik nicht in der Lage sei, eigene Unrechtstypen zu schaffen.

Außer Betracht bleiben demnach für den Deliktscharakter nicht nur der vermeidbare Verbotsirrtum oder verminderte Schuldfähigkeit, sondern auch jene Milde-

---

43 Das Ausmaß der Bindung an den AT war bis zuletzt streitig, vgl. Nachw. bei Maurach AT § 8 III B 2 b und Jescheck AT 2.A. S. 90. Jetzt kommt es nicht mehr darauf an, was unter dem Gesichtspunkt der Rechtseinheit Kernbestand des AT ist, sondern darauf, was formal im AT des StGB steht. Versuch und Beihilfe bei Übertretungen wären zwar wegen deren Wegfall ohnehin nicht mehr problematisch. Umgekehrt können aber jetzt einige Rechtfertigungs- und Entschuldigungsgründe „freigegeben" sein.

44 Bei Kann-Milderungen wäre aufgrund des § 49 die Untergrenze eindeutig feststellbar, wenn man entspr. § 12 III E 62 bei einer Wahlmöglichkeit die schwerste Mindestdrohung maßgeblich sein ließe.

rungen, die der AT für die Fälle der durch ihn selbst bewirkten Ausdehnung des strafbaren Bereichs zuläßt (Versuch) oder gar vorschreibt (Beihilfe, Beteiligungsversuch).

Variiert der Strafrahmen unter mehreren an einer Tat Beteiligten wegen der Divergenz persönlicher strafrahmenrelevanter Merkmale (§ 28), so ergibt sich die merkwürdige Konsequenz, daß die Deliktsart allen *gemeinsam* bleibt, wenn die divergierenden Merkmale einen Deliktstyp überhaupt erst konstituieren, daß die Deliktsart aber *divergieren* kann, wenn das Merkmal nur die Strafe verändert[45]. Denn im letzten Falle beruht die Strafänderung auf einem Tatbestandswechsel im *BT*, während im ersten die – ebenso zwingende – Herabsetzung der Strafuntergrenze aus dem *AT* (§ 28 I) folgt.

Übrigens kennt der AT keine strafbarkeitsbegründenden „besonderen persönlichen Merkmale" i.S. des § 28 I, weil diese Merkmale das Unrecht begründen[46]. Aus diesem Grunde könnte z.B. der agent provocateur, falls man ihn überhaupt für strafbar hält, auf Milderung aus § 28 I nicht hoffen[47].

c) *Verjährungsfrist*

Ein dem eben behandelten gleichgelagertes Problem wirft die Bestimmung der Verjährungsfrist auf. Das jetzige Recht knüpft hierbei nicht mehr an die Zweiteilung der Delikte an, sondern bemißt die Frist selbständig nach dem Höchstmaß der abstrakt angedrohten Strafe. Infolge dieser Selbständigkeit war es notwendig, in § 78 IV StGB die abstrakte Betrachtungsweise in einer Formulierung zu wiederholen, die der des § 12 III entspricht.

Auch hier werden Milderungen oder Schärfungen, die „Vorschriften des AT" mit sich bringen, pauschal den unbenannten Strafänderungsgründen des BT gleichgestellt. Wiederum liegt die Vorstellung zu Grunde, daß der AT den Deliktscharakter nicht ändern könne.

Allerdings ergab sich nach altem Recht eine Besonderheit für die auf persönlichen Merkmalen beruhende Strafrahmendivergenz unter mehreren Tatbeteiligten. Denn vom Verdikt der Irrelevanz sollte nun nicht mehr nur der Fall ausgenommen sein, daß ein anderer BT-Tatbestand herangezogen werden kann und muß (§ 50 III a.F.)[48], sondern auch jener andere Fall, in dem sich, mangels eines anderen einschlägigen BT-Tatbestandes, die Milderung aus dem AT ergibt (§ 50

45 Maurach AT S. 717; Welzel S. 122; Schönke-Schröder § 1 RN 11.

46 Die Schuldfähigkeit fällt bereits unter § 29; zu Unrecht zählt Dreher 34.A. § 50 Anm. 3 die Taubstummheit i.S. des alten § 55 und nunmehr 35.A. § 28 Anm. 3 den Schwachsinn (§ 20) zu den „persönlichen Merkmalen".

47 Es bedarf daher nicht des sonst gebrauchten (Nachw. Küper GA 1974, 332 Fn. 76) Argumentes, daß der Vollendungsvorsatz tatbezogen sei.

48 Maurach AT S. 717 unten.

II a.F.)[49]. Indessen wird diese Ansicht, die zu der spektakulären Verjährung von NS-Verbrechen durch Einführung des § 50 II a.F. beitrug, mit dem jetzigen Recht nicht mehr vereinbar sein[50]. Denn die Zugehörigkeit des § 28 I zum AT läßt sich nicht bezweifeln und niemand behauptet, daß er einen Sondertatbestand enthalte[51].

2. Analogie und Gewohnheitsrecht

Die Frage nach dem Umfang der Zulässigkeit von Analogie und Gewohnheitsrecht im Strafrecht betrifft die Abgrenzung zwischen AT und BT in mehrfacher Weise. Zunächst gewinnt die Unterscheidung natürlich praktische Bedeutung, wenn man mit einem Teil der Lehre[52] das Verbot der Analogie in malam partem auf Rechtssätze des BT beschränkt. Fragt man jedoch nach dem Grund dieser auf den ersten Blick erstaunlich analogiefreundlichen Lehre, so ergibt sich alsbald eine umgekehrte Relevanz: es zeigt sich nämlich, daß sie auf einem besonders engen Verständnis des AT-Begriffes beruht, da der AT nach ihr außerhalb des „Tatbestandlichen" liegt[53]. Damit verwandelt sich die Kontroverse über die Zulässigkeit der Analogie in einen Streit über den Umfang des AT. Denn auch die h.M. will nicht jede nachteilige Analogie ausschließen, sondern nur die Analogie als Mittel der „Tatbestandserweiterung"[54]; wenn sie dennoch die „nachteilige" Analogie auch aus dem AT verbannt, so ist sie der Ansicht, daß dieser auch „Tatbestände" kenne. Ein dritter bemerkenswerter Zusammenhang schließlich ergibt sich bei historischer Betrachtung.

Um mit dem letzten zu beginnen: Der AT ist nicht zuletzt gerade zu dem Zweck geschaffen worden, um Analogie und Gewohnheitsrecht auszuschalten. Der gesetzliche AT sollte verhindern, daß sich allgemein geltende Individualisierungsregeln extra lege entwickeln. Sowohl das Strafrecht des ALR als auch das

---

49 So Maurach AT S. 715 f. ausdr. trotz abstr. Betrachtungsweise und obwohl § 50 II a.F. = § 28 I nicht als Sondertatbestand gilt, allein wegen des gemilderten Höchstmaßes. Ebenso Schönke-Schröder § 69 RN 20 mit BGH 22, 375.

50 Gegen sie schon nach bisherigem Recht Dreher 34.A. § 67, Anm. 2 A und Mösl LK § 67 RN 20.

51 Vgl. Gehrling JZ 1969, 417.

52 So Maurach AT 4.A. S. 111; Jagusch-Tröndle LK § 2 RN 10, deren Ansicht auf Nagler zurückgeht: dieser hatte in LK 6.A. 1944 § 2 Anm. III 4 B a den AT aber gerade von der – beschränkten – Analogie*erlaubnis* des damaligen § 2 *aus*genommen, weil der AT – ausdr. auch § 49a a.F. – „keine selbständigen Verbrechenstatbestände entwickelt".

53 Vgl. Jagusch-Tröndle LK § 2 RN 10 mit dem Schluß („also") in RN 10. Es folgen aber Beispiele, die gerade „Tatbestandliches" tangieren.

54 Vgl. Schönke-Schröder § 2 RN 8–9. In RN 4 ist „nachteilig" auf Strafbegründung und -schärfung beschränkt.

BayStG wurden durch das strenge Verbot begleitet, zum Gerichts- oder Lehrgebrauch eine Kommentierung anzufertigen[55]. Das BayStG strebte gerade mit seinem AT *Vollständigkeit* an, damit – ganz im Sinne Feuerbachs[56] – nichts der Lehre und Judikatur überlassen bleibe[57]. Hat sich dieses klassische Verbot als undurchführbar erwiesen? Heute sind es ja, ähnlich der Zeit vor der Trennung des AT vom BT, gerade wieder die dem AT zuzurechnenden Bereiche, in denen der Gesetzgeber besonders häufig bewußt Lücken läßt, die auszufüllen er ausdrücklich der Rspr. und Lehre überläßt[58].

Es scheint allerdings geradezu ein Zwang zu bestehen, den AT vom Analogieverbot auszunehmen. Denn die Entwicklung anerkannter Teile der Dogmatik des AT – wie des unechten Unterlassungsdelikts und der mittelbaren Täterschaft – entspricht dem Analogiebildungsvorgang genau: Regelungslücke – Ähnlichkeit – wertmäßige Gleichheit. Die gesamte Gleichstellungsproblematik ist Teil der Analogiefindung[59]. Der von der h.M. gewiesene Ausweg, solchen Lehren als Gewohnheitsrecht Geltung zu verschaffen[60], hilft nicht, weil gerade hier vieles streitig ist und im übrigen sich ein Gerichtsgebrauch anfänglich nur im Wege der Analogie hätte bilden können. Schließlich wäre sogar die analoge Bildung neuer Rechtfertigungsgründe zweifelhaft, da sie zu Lasten des Notwehrers gehen[61].

Fraglich kann allerdings sein, ob denn die Analogie, die doch eine unbewußte Lücke voraussetzt[62], eingreifen kann, wo der Gesetzgeber die Lücke geradezu vorprogrammiert. Indessen sind diese Lücken ja nicht in dem Sinne bewußt, daß der Gesetzgeber die betroffenen Fälle straffrei halten will, im Gegenteil: er wünscht und erwartet eine Klärung der Strafbarkeitsgrenze. Von dem durch ihn immerhin eingezogenen Gerüst aus soll das Nähere im Wege der teleologischen Auslegung entwickelt werden, zu deren legitimen Methoden ich mit Sax auch die Analogie rechnen möchte.

So richtig also im Ergebnis die Lehre zu sein scheint, die der Analogie im AT freien Lauf läßt, und so wenig sie sich im Ergebnis von der h.M. unterscheidet – ihre Grundlage kann nicht akzeptiert werden. Die verblüffende Übereinstimmung in den Ergebnissen liegt ja daran, daß auch die h.M. das Verbot auf Normen über den „Strafwürdigkeitsgehalt" und die Rechtsfolgen oder, anders ausgedrückt, auf

55 Mezger Lb. S. 79. Arthur Kaufmann, Analogie und „Natur der Sache" 1965, S. 3.

56 Vgl. seine radikale Absage an das Gewohnheitsrecht in Lb. 14. Aufl. 1847 § 5, abschwächend Mittermaier daselbst: nur nicht zur Straftatbegründung.

57 Motive BayStG 1813, S. 48 ff.

58 Vgl. z.B. die Definitionen von Vorsatz und Fahrlässigkeit sowie den Gegenstand des Verbotsirrtums, Begr. zu §§ 16–18 und zu § 20 E 62 im 2. StrRG.

59 Vgl. Nickel, Die Problematik der unechten Unterlassungsdelikte im Hinblick auf den Grundsatz „nullum crimen sine lege", Berlin 1972.

60 Schönke-Schröder § 2 RN 29.

61 Hierauf weist Eser StuB I S. 33 RN 67 hin.

62 Vgl. nur BGH 6, 88.

die „Tatbestände" beschränkt, dies allerdings ohne Rücksicht darauf, ob sie sich im BT oder AT finden[63]. Der Gegenansicht liegt nun die Vorstellung zu Grunde, daß die Allgemeinen Lehren eben keine „Tatbestände" enthielten und den Strafwürdigkeitsgehalt stets nur aus dem BT bezögen.

In der Tat liegt es nahe, als „lex" i.S. des nullum-crimen-Satzes selbst dann nur oder in erster Linie die Tatbestände des BT anzusehen, wenn man sämtliche Strafvoraussetzungen unter diesen Begriff bringt[64]. Indessen zeigt der zweite Blick, daß dieser Schein jedenfalls dann trügt, wenn man unter dem „AT" den ersten Teil des StGB versteht. Denn natürlich enthält dieser – ganz abgesehen von der Regelung der Straffolgen, die notwendig zur „lex" gehören – strafbegründende und strafschärfende Verbrechensmerkmale[65]. Soll aber der über die Analogie entscheidende AT-Begriff wenigstens prinzipiell den AT des Gesetzes umfassen, so folgte für den Gesetzgeber der ganz neuartige Zwang, bei seiner Systematik peinlichst den Gesichtspunkt der Analogie zu berücksichtigen; jedenfalls kann es nicht von gesetzestechnischen Zweckmäßigkeitsentscheidungen abhängen, ob ein Täter per analogiam belastet werden darf.

Das von der hier abgelehnten Lehre implizierte Kriterium zur Abgrenzung von AT und BT kann also nicht richtig sein: daß nämlich der BT jedenfalls sämtliche leges i.S. des nullum-crimen-Satzes umfasse.

Auf den Streit kommt es in Wahrheit auch gar nicht an. Denn entgegen der noch immer h.M. enthält das Verfassungs- und das Strafrecht sogar in bezug auf den BT *kein* Verbot der strafbegründenden Analogie. Die Mehrzahl der vermeintlich auf dem Gebiet des AT liegenden streitigen Analogieschlüsse vollziehen sich ohnehin im Bereich des BT[66]. Die Analogie ist aber nicht nur unentbehrlicher und stets gebrauchter Bestandteil der teleologischen Auslegung[67], sie wird dem Richter vielmehr im BT sogar ausdrücklich auferlegt. Ein solches Analogiegebot enthielten schon bisher alle Tatbestände, die zur Charakterisierung des gemeinten Verhaltenstypus nur eine oder einige Variationen schildern[68]; besondere

---

63 Vgl. Jescheck AT 2.A. S. 107; Baumann AT 6.A. S. 109, 144. Dabei beschränken sich die bei Schönke-Schröder § 2 RN gegebenen Beispiele auf den BT.

64 Vgl. Sax, Das strafrechtliche „Analogieverbot", Göttingen 1953, S. 31 f.

65 Vgl. die deutliche Unterscheidung des „Tatbestandes" i.S. des Verbrechensaufbaus vom „Garantietatbestand" i.S. des nullum-crimen-Satzes bei Stratenwerth AT I S. 65. Dessen Definition als Summe der gesetzlich geregelten Strafvoraussetzungen führt jedoch in einen Zirkel, weil gerade umgekehrt problematisch ist, welche Voraussetzungen gesetzlich geregelt sein müssen.

66 Näher Sax a.a.O. S. 117 ff.

67 Dagegen betrachtet Baumann MDR 1958, 394 ff. die extensive Auslegung solange nicht als Analogie, als sie sich im Rahmen der „natürlichen Wortbedeutung" hält.

68 Bockelmann AT S. 17 nennt § 211 („sonst niedrige Beweggründe") und §§ 315 I 4, 315b I 3 („ähnlicher, ebenso gefährlicher Eingriff"). Besonders deutlich neuerdings § 316c I 1: „oder sonstige Machenschaften".

Verbreitung findet das ausdrückliche Gebot aber durch die zunehmend in Anspruch genommene Regelbeispieltechnik. Das darf jedoch nicht darüber hinwegtäuschen, daß das Analogiegebot viel häufiger versteckt auftritt, wo ohne den ausdrücklichen Hinweis auf „ähnliche Fälle" der gemeinte Unrechtstypus nur schlaglichtartig mit einer charakteristischen Situationsbeschreibung gekennzeichnet wird[69].

Dieses Analogiegebot, im AT ohnehin durch bewußte Lücken gang und gäbe und im jetztigen § 13 für das Unterlassungsdelikt formuliert, im BT zunehmend ausdrücklich enthalten[70], wird durch Art. 103 II GG nicht berührt. Die Verfassung verbietet hier vielmehr, Tatbestände so weit zu fassen, daß die Analogie formal unnötig wird. So wäre der Luftpiraterie-Tatbestand (§ 316c I 1) rechtsstaatlich viel anstößiger formuliert, wenn er zur Vermeidung der Analogie das „Vornehmen von Machenschaften" allein als Handlungsbeschreibung enthielte; denn das gemeinte Verhalten wird durch die angeführten Beispiele verdeutlicht.

In vermeintlichen Randgebieten wird die Analogie in malam partem ständig praktiziert. Man denke nur an die „Randkorrektur" des Notwehrrechts, die eine begrenzte Güterabwägung bei krassem Mißverhältnis „entsprechend § 226 BGB" verlangt. Was der Wortlaut des § 32 straffrei läßt, wird so per analogiam pönalisiert[71].

Freilich spricht Art. 103 II GG in erster Linie den Richter an. Ihm verbietet er aber nicht das Schlußverfahren der Analogie an sich, sondern nur, es „als Mittel zur Rechtsneuschöpfung" zu verwenden[72].

Ist die Abgrenzung zwischen AT und BT für die Analogiefrage also nicht gefordert, so ist die Einteilung dennoch in diesem Zusammenhang bedeutsam, wenn auch in ganz anderer Weise: es verstößt nämlich gegen den Grundsatz nullum crimen sine lege, wenn im AT eine Unrechtsbestimmung gesucht – und gefunden! – wird. Ist die Zugehörigkeit einer Norm zum AT einmal erkannt, so überschreitet es die Grenzen der Auslegung, wenn Rechtsprechung und Lehre ein angeblich von ihr erfaßtes materielles Unrechtszentrum in sie hineinlegen und ihr

---

69 Eingehend Arthur Kaufmann, Analogie und Natur der Sache, 1965.

70 Ebenso Welzel Lb. 11.A. S. 49 f.: Die Tatbestände der fahrlässigen Delikte und der unechten Unterlassungsdelikte seien nur z.T. „gesetzlich", zum anderen Teil „richterlich zu ergänzen". Dann aber enthalten die §§ 13, 15 ein Analogiegebot; denn der Richter sei aufgefordert, gemäß dem dort angegebenen „Gesichtspunkt" die Tatbestände zu finden durch Bestimmung der konkret relevanten Garantenstellung oder Sorgfaltspflicht.

71 In der Tat sollen die sozialethisch begründeten Einschränkungen des Notwehrrechts nach Kratzsch GA 71, 75 ff. den Art. 103 GG verletzen. Hiergegen Schönke-Schröder 17.A. RN 77a vor § 51 sowie Jescheck AT 2.A. S. 107, 256 mit dem Argument, daß Rechtfertigungsgründe die Strafbarkeit nicht „unmittelbar", sondern nur „mittelbar" beeinflußten. Diese Erwägung kann aber nicht leugnen, daß sämtliche Verbrechensmerkmale gleichwirksame Rechtsfolgevoraussetzungen sind.

72 Vgl. Kühl, Die Beendigung des vorsätzlichen Begehungsdelikts, Str.Abh. NF 16 (1974), S. 40.

ein selbständiges Rechtsgut zuordnen. Beispiele für diesen häufigen Verstoß, die das Gemeinte zugleich näher erläutern, folgen unten im zweiten Teil.

Die volle Tragweite des hier Gemeinten mag an dieser Stelle noch nicht recht einleuchten. Ohne das Ergebnis des zweiten Teils vorwegzunehmen, sei deshalb immerhin angedeutet, worum es geht: Mit der Einsicht, daß Versuch und Teilnahme dem AT angehören, ist es unmöglich geworden, diese Institute ohne Bezug auf einen Tatbestand des BT irgendwie inhaltlich – im folgenden: „materiell" – zu erfassen oder festzustellen, worin das Unrecht der dort pönalisierten Verhaltensweisen liegt. Es ist umgekehrt ferner nicht erlaubt, im BT „Versuchs"- oder „Teilnahmedelikte" herauszulesen, wo der Gesetzgeber einen täterschaftlichen Vollendungstatbestand formuliert hat. Denn auch diesem verbreiteten Vorgehen liegt die Vorstellung zu Grunde, daß Versuch und Teilnahme quasi ontische, jedenfalls vorgesetzliche Gegebenheiten seien. In Wahrheit setzt der Interpret damit aber seine Vorstellung vom Unrechtszentrum eines Deliktstyps an die Stelle des gesetzgeberischen Dekrets und verstößt damit gegen den nullum-crimen-Satz. Hierfür nun kommt es auf eine präzise Abgrenzung der beiden Teile an: denn wenn eine gesetzliche Tathandlungsbeschreibung nach natürlichem Sprachgebrauch ein Teilnehmen an fremder Tat oder ein Vorbereiten eines weitergehenden Vorhabens bezeichnet, so ist diese Beschreibung nur dann als in sich inhaltsleerer Bezugsbegriff zu verstehen, wenn sie in einer Norm des AT auftritt.

Vom *Gewohnheitsrecht* unterscheidet sich die Analogie darin, daß ersteres eine Rechtsquelle, letztere eine Auslegungsmethode (Schlußverfahren) darstellt. Im ersten Fall gründet sich die Entscheidung auf ungeschriebenes, im zweiten auf geschriebenes Recht. Man sollte also gegenüber dem Gewohnheitsrecht in malam partem noch größere Zurückhaltung erwarten.

Umso merkwürdiger muß es erscheinen, daß die h.L., die für die belastende Analogie auch den AT für tabu erklärt, gerade den AT für belastendes Gewohnheitsrecht offen hält[73]. Die Gegenansicht bleibt hier konsequent und schließt auch das schärfende Gewohnheitsrecht vom BT aus, während es die allgemeinen Lehren geradezu beherrschen soll[74].

Das *Rückwirkungsverbot* wird einhellig auch auf den AT bezogen[75], obwohl doch auch dies letztlich darauf beruht, daß die „Normen des AT von denen des BT eigentlich nur aus gesetzestechnischen Gründen getrennt" sind und der „Strafbarkeitsbereich im Grunde erst bei Heranziehung des AT festgelegt" ist[76].

---

73 Obwohl theoretisch allgemein auch zu Ungunsten erlaubt, bringt Schönke-Schröder § 2 RN 29 nur Bsp. aus dem AT (unechte Unterlassung, Ingerenz). Dagegen will Stratenwerth AT RN 84 die Garantiefunktion des Gesetzes in beiden Teilen weitgehend auch gegen das Gewohnheitsrecht behaupten. Bisher sollte die subjektive Versuchstheorie auf Grund Gewohnheitsrecht gelten (Bockelmann Unters. 1957, 155): ein Bsp. für strafbegründendes Gewohnheitsrecht im AT. Jetzt kompromißlos gegen belastendes Gewohnheitsrecht Bockelmann Lb. S. 17.

74 Maurach AT § 8 V B 2 a–b.

75 Vgl. Maurach AT § 12 II 2.

76 Eser StuB I S. 29 RN 41.

3. Standortabhängigkeit des Norminhalts

Eine präzise Abgrenzung zwischen AT und BT ist schließlich notwendig, weil eine Norm sich inhaltlich ändert, wenn sie ihren Standort vom einen in den anderen Teil wechselt: aus Vorbereitung und Versuch wird Vollendung; aus Teilnahme Täterschaft; die Typisierung eines Sorgfaltverstoßes verwandelt ein Fahrlässigkeits- in ein Vorsatzdelikt ebenso wie die Vertatbestandlichung jener Unterlassung, die zuvor als Grund vermeidbaren Verbotsirrtums vorzuwerfen war[77].

III. Die Abgrenzungskriterien

1. Das Wesen des AT

a) Der „philosophische" Charakter des AT

Feuerbach[78] hat den Allgemeinen Teil den *„philosophischen"* genannt. Ihm stellte er den BT als den *„positiven"* gegenüber. Uns leuchtet ein, daß die Strafrechtsphilosophie im AT eher einen Ansatz findet und direkter auf ihn zurückwirkt. Aber das kann nur eine Frage des Grades sein, und schon gar nicht ließe sich heute begreifen, inwiefern der AT weniger positiv sei.

Bei Feuerbach selbst ist das Verhältnis nicht klar. Zunächst versteht er unter dem Allgemeinen („philosophischen") *den* Teil der Strafrechtswissenschaft, der von den *möglichen* Strafansprüchen *irgendeines* Staates, unter dem „positiven" jenen, der von den *wirklichen* Strafansprüchen eines *bestimmten* Staates handelt (§ 2). Später wird aber deutlich, daß der erstere die allg. Grundsätze über die Bestrafung rechtswidriger Taten überhaupt, der letztere die besonderen Regeln über die Bestrafung einzelner rechtswidriger Handlungen darstellen solle (§ 4). Schließlich erscheint das Allgemeine Strafrecht i.S. eines Zweiges der Rechtsphilosophie nur noch als Hilfswissenschaft des Strafrechts (§ 6) oder zwar als Rechtsquelle, die gleichberechtigt neben den positiven Gesetzen erscheint, aber nur in ihrer Beschränkung durch letztere gelten soll (§ 5). Demgegenüber teilt er seine eigene „Darstellung des peinlichen Rechts selbst" in den „philosophischen oder Allgemeinen" und den „positiven oder Besonderen" Teil ein, wobei ersterer nur in einer *Einleitung* den Strafzweck und die „höchsten Prinzipien" enthält, während alles übrige, als „abgeleitete Rechtssätze des AT" dem heute üblichen Inhalt eines AT entspricht.

Gerade Feuerbach selbst hat für den Gesetzes-AT einen positivistischen Standpunkt eingenommen, indem er den AT seines BayStG 1813 stark unter dem Gesichtspunkt der Klammerfunktion sah, der keine wissenschaftlichen Lehrsätze enthalten solle, aber so vollständig sein müsse, daß Lehre und Rechtsprechung

---

77 So etwa die selbständige Sanktionierung des Gebotes, vor Durchführung eines Vorhabens, dessen Rechtmäßigkeit zweifelhaft ist, rechtsverständigen Rat einzuholen.

78 Feuerbach (-Mittermaier), Lb. 14.A. 1847. Vgl. Jordan, Inwiefern soll der AT der positiven Criminalrechtswissenschaft philosophisch sein?, NArchCrR XI Nr. 9.

keine Gelegenheit erhielten, den Willen des Gesetzgebers willkürlich zu mißdeuten[79].

Den Gedanken vom philosophischen Charakter des AT hat wohl erst Merkel wieder „auf die Tagesordnung" gesetzt[80], wenn auch in gewandeltem Sinne. Die „positive" Rechtswissenschaft steht nun nicht mehr im Gegensatz zur „philosophischen", sondern muß die Philosophie auch in ihren Einzelgebieten integrieren, da sie nur insofern überhaupt Wissenschaft sei[81]. Allerdings sei nun „die wichtigste Ablagerungsstätte" der philosophischen Arbeit in den Einzeldisziplinen deren „Allgemeiner Teil". Denn die philosophische = wissenschaftliche Arbeit bestehe gerade in der Bildung Allgemeiner Teile.

Die Allgemeine Philosophie soll sich demnach zu allen Wissenschaften verhalten wie der AT der Rechtswissenschaft zu deren Gliedern, d.h. sie soll

- im Anschluß an *deren* Allgemeine Teile die unter ihnen bestehenden *Beziehungen* darlegen;
- die ihnen gemeinsamen Prinzipien aufsuchen
- und sie zu einem einheitlichen Ganzen verknüpfen[82].

Entsprechend soll die Rechtsphilosophie als AT der Rechtswissenschaft „den Satz vom Widerspruch vertreten" und schließlich der AT der Einzeldisziplinen eine „natürliche Verknüpfung" der Kenntnisse und Einsichten darstellen, die den einzelnen Lehren angehören[83].

So enthalte der AT des Strafrechts

- das allgemeine Wesen der Verbrechen und der Strafen,
- den Zusammenhang zwischen beiden
- und alles, was für Inhalt und Anwendung der speziellen Strafgesetze allgemein bestimmend ist (Strafzumessungsgründe, Verjährung etc.).

Jedes seiner Elemente müsse auf höherer Ebene im AT der Rechtswissenschaft seine Entsprechung finden: der Verbrechensbegriff in der Rechtsverletzung, die Strafe in den Rechtsfolgen des Unrechts, der gesetzmäßige Zusammenhang zwischen Verbrechen und Strafe in dem inneren Zusammenhang der Grundsätze, die sich auf die Verknüpfung von Handlungen und Rechtswirkungen beziehen.

Ich meine, daß damit dem *systematischen* Aufbau der Rechtswissenschaft, nicht notwendig auch ihrer philosophischen Durchdringung das Wort geredet wird.

Der AT erscheint nur noch insofern als „philosophisch", als das „positive" Recht hier – oft absichtlich – lückenhaft gestaltet wird und so der allgemeinen Dogmatik freieren Raum gibt.

---

79 Mot. BayStG 1813, S. 48 ff.

80 Merkel, Über das Verhältnis der Rechtsphilosophie zur „positiven" Rechtswissenschaft und zum Allgemeinen Teil derselben, in: Grünhut's Ztschr. I 1874 S. 1–10, 402–421.

81 A.a.O. S. 6 f., 403.

82 A.a.O. S. 409.

83 A.a.O. 9, 402.

Der letzten Empfehlung Merkels, künftig eher den AT als den BT zu erforschen[84], wird man aber kaum noch folgen wollen; viel eher wird heute die Vernachlässigung des BT beklagt und der Nachteil zu weitgehenden Generalisierens hervorgehoben[85].

b) Die „Allgemeinheit" des AT

Die Perfektion des Systems i.S. Merkels steht in Gefahr, sich vom „positiven" Recht zu lösen. Begreift man den AT im dargelegten Sinne, so müßte er – vollständig aber auch ausschließlich – die genera proxima enthalten, die den Rechtssätzen der – beim gegenwärtigen Entwicklungsstand des BT dann gewiß notwendigen – „Allgemeinen Teile" der einzelnen Deliktsgruppen übergeordnet sind. So ist aber weder das Gesetz noch die gegenwärtige Strafrechtswissenschaft gebaut. Es entsteht eher ein „AT" des BT, der zusammen mit dem Gesamt-BT dem AT des Strafrechts gegenübertritt, als einzelne „ATe" der Untergliederungen des BT. Es kann auch keine Rede davon sein, daß der AT nur genera proxima über den Tatbeständen des BT enthielte; vielmehr gelten einzelne Vorschriften ohne weitere „Besonderung" direkt für das ganze Gesetz (Geltungsbereich), andere stellen sich erweiternd *neben* die Tatbestände (Versuch, Teilnahme); allgemeine Bestimmungen zum Verbrechensaufbau sind nur sehr lückenhaft im AT vertreten und werden zudem nicht durch den BT konkretisiert, bedürfen also seiner zur Ausfüllung nicht, sondern sind, wie der BT, unmittelbar subsumtionsfähig.

Allerdings gibt es Ansätze für „ATe" innerhalb des BT im Gesetz, etwa die §§ 226a, 228, 232–233 als „AT" der Körperverletzungs-, § 282 als „AT" der Fälschungsdelikte, und ausgeprägter in der Wissenschaft, etwa die Dogmatik des strafrechtlichen Lebensschutzes. Diese „allgemeineren" BT-Normen sind aber weit davon entfernt, systematische Mittelglieder zwischen AT und Einzeltatbeständen zu sein. Denn die Legalordnung des BT unterscheidet sich prinzipiell vom System des AT.

Der AT „verknüpft" nicht die Einzelnormen des Strafrechts und bildet daher keinen Baustein der vom Einzelnen zum Allgemeinen aufsteigenden Gesamtsystematik der Rechtswissenschaft, wie Merkel forderte. Denn der BT enthält weder Unterbegriffe des AT, noch ist er auch nur durchwegs konkreter als dieser; vor allem enthält er nicht die Gesamtheit des Strafrechts, die im AT auf höherer Abstraktionsstufe wiederkehrte. Vielmehr stehen beide Teile in einem Ergänzungsverhältnis zueinander.

c) Die „Grundsätzlichkeit" des AT

Damit ist jedenfalls nach gegenwärtigem westdeutschem Recht nicht vertretbar, daß sich der AT durch proklamatorische, deklaratorische und definitorische

---

84 S.o. A I 1 d.

85 So schon CJA Mittermaier, Über die Grundfehler der Behandlung des Criminalrechts in Lehr- und Gesetzbüchern, Bonn 1819; jetzt z.B. Tiedemann, Gutachten zum 49. DJT 1972, S. C 51; Jescheck Lb. S. 150; Baumann AT 6.A. S. 288 f.

Bestimmungen auszeichne[86]. *Prinzipien* formuliert das Gesetz nicht, sondern ausschließlich Rechtssätze oder – wie die Definitionen – Teile von Rechtssätzen. Auch der AT der Wissenschaft zeigt betonte Zurückhaltung in der Formulierung von Prinzipien – und wenn sie sich finden, so auch im BT –, ja man neigt sogar dazu, die Präambeln und Prinzipien historischer und ausländischer Strafgesetze[87] zu beargwöhnen und zu belächeln, obwohl sie die Gefahr der Willkür bei der Rechtsanalogie vermindern können. Selbst im sozialistischen Recht stößt die Auffassung vom deklamatorischen AT auf Widerstand[88]. Jedenfalls ist die Vorstellung überwunden, daß AT-Normen mangels unmittelbarer Anwendbarkeit gar nicht dem Strafrecht „i.e.S." angehörten[89].

Bestünde der AT aus jenen allgemeinen Prinzipien, die den BT-Normen vorgelagert sind, so hätte das übrigens eine merkwürdige Konsequenz für die Analogie: Nicht etwa jene Ansicht fände sich bestätigt, daß die Analogie nur im AT erlaubt sei, sondern umgekehrt: gerade im AT wäre ein Großteil der Analogie unmöglich, insofern das analogische Verfahren auf die Grundsätze des betroffenen Rechtsgebietes rekurriert[90]. Nun widerstrebt es aber modernem kodifikatorischem Denken, Prinzipien überhaupt direkt in Gesetze zu schreiben. Wir erkennen vorbehaltlos an, daß hinter den Rechtssätzen eine ratio steht und argumentieren alltäglich mit ihr; wir fänden es aber lächerlich und anstößig, wenn wir sie im Gesetz selbst anträfen. Wohl nicht von ungefähr fanden aber gerade zu jener Zeit, als der AT sich vom BT trennte und zugleich jede Dogmatik „verboten" sein sollte, Strafrechtsgrundsätze Eingang in den gesetzlichen AT, von denen wir heute und von denen vor allem das späte 19. Jhd. annehmen würden, daß sie bloß vorwegnehmend und überflüssigerweise ausdrücken, was in den darauffolgenden, vor allem im BT folgenden Bestimmungen ohnehin konkretisiert sei. Meist hatten solche Grundsätze, zu denen etwa der materielle Verbrechensbegriff gehört, die Form von Normen oder Begriffsbestimmungen. Nach II 20 § 3 ALR etwa „sollen öffentliche Verachtung der Religion und Verführung der Unschuld gesetzmäßig und nachdrücklich geahndet werden". Diese folgenlose Norm „galt", obwohl im 6. Abschn. über Religionsdelikte und im 12. Abschn. über Sexualdelikte zahlreiche und erschöpfend gemeinte Tatbestände zu jener Norm vorhanden waren. Das „Prinzip" scheint also gerade unter dem

---

86 So z.B. Brajnin, Ugolovnyj zakon i ego primenenie, Moskau 1967, S. 44; Solodkin in Ugol. pravo, č.obšč. (Beljaev-Šargorodskij), Moskau 1969, S. 31.

87 Selbst Rechtssätze des AT gelten in Frankreich als Prinzipien. So definiert Soyer, Droit pénal . . . , Paris 1972, S. 20 f. den AT i.U. zum BT als Gesamtheit der allgemeinen Prinzipien über Strafe, Täter und Tat. Gerade diese „verbrechensbezogenen" (Durmanov a.a.O.) AT-Normen unterscheiden sich aber nicht grundsätzlich vom BT.

88 Vgl. Durmanov, Sovetskij ugolovnyj zakon, Moskau 1967, 73 f.: auch die Prinzipien- und Aufgabenbestimmungen enthielten konkrete Vorschriften. Abgeschwächt in Kurs sov. ugol. prava Bd. I, Moskau 1970, S. 168 ff.: der AT enthalte keine „rein" deklarat. Bestimmungen; die Aufgaben- und Zweckbestimmungen (Art. 1, 20 GrStGB) hätten „auch" praktische Bedeutung. Vgl. dagegen Präambel und 1. Kap. des StGB DDR 1968.

89 So früher Šargorodskij, Nachw. a.a.O. (Kurs . . . 1970), S. 169.

90 Sehr allgemeine Bestimmungen können deshalb analogieunfähig sein, weil sie das ihr zugrunde liegende normative Prinzip erschöpfen (Baratta a.a.O. [Fn. 91], S. 143). wie etwa eine Verbrechensdefinition, die nicht auf den BT verweist. Solche Normen sind sachlich in Wahrheit selbst Formulierungen ihrer eigenen ratio.

nullum-crimen-Satz leer zu laufen, wie allgemein der in Rechtssatzform niedergelegte materielle Verbrechensbegriff in 20 II 1 § 7, obwohl in § 9 alsbald der formelle folgt.

Nun besteht aber unser AT nicht aus Prinzipien, sondern aus Normen im echten Sinne[91] oder wenigstens Normbestandteilen, wie etwa die Begriffsbestimmungen. Er läßt sich also nicht als Rationen-Sammlung zum Analogiegebrauch auf dem Gebiet des BT verstehen.

Gewiß ist richtig, daß sich Rechtsgrundsätze von Rechtssätzen nur durch ihren höheren Abstraktionsgrad unterscheiden und daß Definitionen, die für das ganze Rechtsgebiet gelten sollen, ihren Platz in dessen AT haben. Wenn dennoch auch der BT Grundsätze kennt und der BT des Gesetzes Definitionen, so beweist das aber, daß der AT des Strafrechts eben kein AT im Sinne Merkels, keine bloße „Verknüpfung" der BT-Erkenntnisse ist. In *diesem* Sinne gehörten vielmehr Teile des AT (wie auch des BT) *vor* die Klammer sowohl des AT wie des BT. Daher hat Robert von Hippel auch seine Strafrechtswissenschaft in *drei* Bänden konzipiert, von denen der erste die „Grundlagen" (Gegenstand, Geschichte, ausländisches Recht, Straftheorien, Kriminalpolitik), der zweite den auf die allgemeine Verbrechenslehre beschränkten Teil des AT und der dritte den BT enthielt.

d) Der „kriminalpolitische" Charakter des AT

Abzulehnen ist auch die Ansicht, der AT bestimme die allgemeinen Linien der *Kriminalpolitik*[92]. Denn das tun auch und gerade die Tatbestände des BT, soweit weder ihre Einführung noch ihre konkrete Gestalt durch den AT präjudiziert wird.

e) Die Heterogenität des AT

Demgegenüber vereinigt der herkömmlich akzeptierte, dem Gesetz entsprechende AT heterogene Elemente. Man pflegt ihm die drei Komplexe Strafgesetz, Straftat und Straftatfolgen insoweit zuzurechnen, als die sie betreffenden Lehren „durchgängig bedeutsam" sind und sich deshalb „vor die Klammer" ziehen lassen[93]. Man darf dabei aber nicht die Heterogenität dieser Vorschriften übersehen, die auf der Unterschiedlichkeit der Gründe beruht, welche dafür maßgeblich sind, daß diese Vorschriften „vor die Klammer gezogen" werden. Denn neben den Vorschriften, die zumindest teilweise prozessualen Charakter haben (Antrag, Verjährung) und dem Rechtsanwendungsrecht, die beide ihrer Natur nach und ohne Rücksicht auf ihre Stellung im Gesetz „vor der Klammer stehen", bilden den Schwerpunkt des AT doch die Strafbarkeitserstreckung (Versuch, Teilnahme) und andere „vorweggenommene Tatbestandsmerkmale" (Vorsatz, Not-

---

91 Diese Unterscheidung ändert nichts an der Normativität von Grundsätzen, s. Baratta, Juristische Analogie und Natur der Sache, in „Mensch und Recht", Festschr. für Erik Wolf zum 70. Geburtstag, Ffm. 1972, S. 140.

92 So Traijnin, SGiP 1964 Nr. 5 S. 8.

93 Vgl. Mezger-Blei AT 15.A. S. 2 f.

wehr)[94] sowie die Sanktionen und Strafbemessungsregeln. Soweit diese über das Ob und die Höhe der Strafbarkeit mitentscheiden, stehen sie nicht quasi automatisch „vor der Klammer", sondern lassen sich als bewußt „ausgeklammerte Bestandteile der BT-Tatbestände" verstehen[95].

Nur für diesen „gekorenen" – nicht „geborenen" – Teil des AT ist die Abgrenzungsfrage akut. Nur für ihn ist die ausschlaggebende Bedeutung der „Klammerfunktion" problematisch. Für Begriffsbestimmungen ist sie selbstverständlich, sie bilden den typischen Bestandteil „allgemeiner Vorschriften", nicht aber des spezifischen AT. Für die anderen Normen, die eine Strafbarkeit in bestimmter Höhe bereits voraussetzen, gilt das Klammerargument ebenso selbstverständlich nicht, denn sie wirken nicht in den BT hinein, sondern treten erst nach dessen abschließender Entscheidung in Aktion. Prüft man die umfassende Richtigkeit der „Klammertheorie" aber, indem man für jeden einzelnen Rechtssatz des AT feststellt, ob er sein Wesen änderte, wenn er bei allen einschlägigen Tatbeständen des BT erschiene statt im AT, so wird der Ausgang dieser Prüfung vor allem[96] im Bereich der „Tatbestands"ausdehnung problematisch[97], also in jenem Bereich des AT, den das neue StGB als „Die Tat" überschreibt. Auf diesen Bereich will ich mich im folgenden beschränken.

Für diesen Bereich stellt sich nun die Frage erneut, wodurch sich der AT vor dem BT auszeichne, wenn nicht durch seinen philosophischen, logisch-systematischen, prinzipiellen oder kriminalpolitischen Charakter, die wir als besondere Züge des AT ausgeschieden haben. Einen völlig anders gearteten Ansatz speziell für den jetzt in Rede stehenden Bereich des AT bilden zwei sehr einprägsame Kriterien zur Unterscheidung vom BT, von denen das eine allerdings nur „im Prinzip" gelten, das andere mehr historisch erklären als dogmatisch fixieren will:

1. Der BT sei die Verwirklichung der Lehre vom Tatbestand, also die konkrete Ausgestaltung eines Teils des AT;
2. Der BT sei die Summe jener Regeln, die ihre Belastungsprobe erst am Einzeltatbestand bestehen müssen, bevor sie in den AT eingehen können, sowie jener, die für den AT „unverdaulich" sind, weil sie die Belastungsprobe nicht bestanden haben[98].

Diese auf den ersten Blick bestechend klare Formulierung läßt sich aber nicht verifizieren. Kombiniert man beide Kriterien, so erhält man das merkwürdige Ergebnis, daß der BT zugleich „Vorhof" des AT und dessen Bestandteil sei.

---

94 Kohlrausch u.a. zit. bei Sax, Das strafrechtliche „Analogieverbot", Göttingen 1953, S. 112 f.

95 So Sax a.a.O. S. 117 f.

96 Ich verkenne nicht, daß auch außerhalb dieses Bereichs AT-Vorschriften die Strafbarkeit begründen/ausschließen oder schärfen/mildern.

97 In diesem Sinne hält Schröder in Kern-Festschrift 1968, S. 459 u.ö. für § 46a a.F. (jetzt § 11 I 6) an der Klammertheorie fest.

98 Maurach BT 5.A. S. 3–6. Mezger-Blei AT 15.A. S. 2 f. bezeichnet die Tatbestandslehre wenigstens als „Brücke" zwischen AT und BT.

Selbstverständlich wollen diese Anhaltspunkte so konsequent nicht betrachtet werden. Aber auch nur als „Grundsätze“ haben sie keine Berechtigung.

Die Vorstellung vom BT als „Kandidatenstadium“ potentieller AT-Normen ist prinzipiell unrichtig. Zwar läßt sich nicht leugnen, daß alle AT-Normen nach ihrer „Läuterung“ aus dem BT, namentlich aus den Gewaltdelikten[99] hervorgegangen sind; auch gegenwärtig ist dieser Prozeß noch im Gange, wie die Generalisierung einiger Rechtfertigungsgründe in der Lehre und die Aufnahme der Möglichkeit zur Antragsrücknahme in den AT des Gesetzes exemplarisch belegen. Diese Verallgemeinerung ist aber nicht etwa das erstrebte Ziel gerade für die typischen BT-Vorschriften; im Gegenteil, es gibt eine Grenze, wo – auch zweckmäßige – Verallgemeinerung in eine Tendenz zum materiellen Verbrechensbegriff umschlägt. Diese Tendenz wird vermieden, solange der BT-Tatbestand unüberwindlicher Bezugsbegriff des AT bleibt; sie entsteht, wo die Lehre Rechtsguts- und Unrechtsbetrachtungen vom BT in den AT hinüberzieht. Das Ziel der Entwicklung besteht also durchaus nicht darin, letztendlich alle bewährten BT-Normen in einen AT zu integrieren.

Aber auch der danach an sich naheliegende Ansatz, daß der BT die Tatbestandslehre konkretisiere, trifft nicht zu. Denn es gibt keine Ebene des Verbrechensaufbaus, deren Regelung der AT nicht mit dem BT teilen müßte. Nicht einmal im Prinzip läßt sich das Verhältnis beider Teile dahin beschreiben, daß der BT die Domäne des Tatbestandes, der AT die aller übrigen Verbrechensmerkmale, der Sanktionsarten und -bemessungsregeln sei. Dafür sind die „Ausnahmen“ nicht nur zu zahlreich, sondern vor allem zu gewichtig.

Das gilt zunächst für die *Rechtfertigungsgründe*, von denen der AT des Gesetzes bisher nur einen einzigen[100] – jetzt drei[101] – aus einer kaum überblickbaren Vielzahl enthält. Freilich – auch der BT fügt dem nur vier weitere hinzu[102]. Es kommt also darauf an, welchem Teil des Straf*rechts* diese sowie die ungeschriebenen und vor allem die in anderen Rechtsgebieten normierten Rechtfertigungsgründe zuzuordnen sind. Stellt man für die Geltung oder überwiegende Bedeutung nur für bestimmte Delikte ab[103], so hätte man zwar die Einwilligung und nach verbreiteter Auffassung auch die Wahrnehmung berechtigter Interessen dem AT zuzurechnen, obwohl sie im BT des Gesetzes stehen, und umgekehrt die wahre Parlamentsberichterstattung dem BT, obwohl sie sich nunmehr im AT des Gesetzes findet. Das ungeschriebene Züchtigungsrecht wird dem BT zugeschrieben, obwohl es über die Körperverletzung hinaus auch für die Beleidigung bedeutsam sein kann. Die in den „Besonderen Teilen“ der anderen Rechtsgebiete verstreuten Rechtfertigungsgründe mögen zwar hie und da in ihrer strafrechtlichen Bedeutung dem AT des Strafrechts zuzuweisen sein; dem

---

99 Vgl. Tiedemann 49. DJT 1972 C 51 m.N.

100 Notwehr, § 53 I a.F.

101 Notwehr, Notstand, wahre Parlamentsberichterstattung, §§ 32, 34, 37 StGB.

102 Einwilligung (§ 226a), Wahrnehmung berechtigter Interessen (§ 193), Unverbindlichkeit des Befehls bei Verleitung zum Ungehorsam (§ 22 WStG), Rechtswidrigkeit der Amtshandlung beim Widerstand (§ 113 III).

103 So Maurach BT 5.A. S. 4.

steht aber das Prinzip gegenüber, daß für jeden Einzeltatbestand notfalls neue, nur für ihn passende Rechtfertigungsgründe aufzustellen sind[104] und daß gerade auf dem Gebiet der Rechtfertigung die oben genannte Gefahr zu starker Verallgemeinerung zutrifft.

Der Satz, daß die Rechtfertigung tatbestandsmäßiger Handlungen „grundsätzlich" Sache des AT und nur „ausnahmsweise" des BT sei, läßt sich also schon quantitativ kaum, der Sache nach schon gar nicht rechtfertigen.

Die gleiche Probe läßt sich mit den übrigen Verbrechensmerkmalen machen. *Schuldausschließungsgründe* werden zwar überwiegend im AT behandelt[105]: viele „Tatbestände" enthalten aber eine Sonderregelung über Schuldmilderung oder -ausschluß, wie etwa § 113 IV über den Verbotsirrtum. Ferner muß man bedenken, daß der Gesetzgeber fast alle speziellen Zumutbarkeitsentscheidungen bei der Tatbestandsfassung, also im BT, trifft und eben deshalb in der Lage war, dem allgemeinen entschuldigenden Notstand sehr enge Grenzen zu setzen. (Frei ist der Gesetzgeber aber nicht nur in der Honorierung der Not[106], sondern im Rahmen des BT ebenso hinsichtlich sonstiger Schuldlosigkeit, etwa infolge Irrtums: er kann jenes Verhalten zum Tatbestand erheben, das den Irrtum verursacht).

Die *objektiven Strafbarkeitsbedingungen* sind zwar – wenn auch nicht „wesentliche"[107] – Verbrechensmerkmale, werden aber fast ausschließlich in der Lehre vom BT erörtert, weil der AT des Gesetzes sie nicht erwähnt und weil „ihre Struktur vom Charakter der Tat abhängig" sei, „deren Strafbarkeit sie begründen"[108].

Selbstverständlich sind auch die meisten – nicht alle – *Strafausschließungs- und Strafmilderungsgründe* im BT geregelt und die *Strafaufhebungsgründe* im AT nicht erschöpft: alle Fälle der Straffreiheit oder -milderung wegen tätiger Reue nach vollendeter Tat finden sich im BT[109].

Die *Prozeßvoraussetzungen* kommen natürlich nicht als Bestandteil des materiellen Straf*rechts* in Frage; hier interessiert nur ihre Stellung im Straf*gesetz*. Bekanntlich finden sich der Strafantrag, neuerdings auch Ermächtigung und Strafverlangen[110], im AT des Gesetzes, ihre nähere Gestaltung aber[111] und die Ehenichtigerklärung[112] im BT. Ihre „Feuerprobe" haben offenbar jene Antragsvorschriften des BT bestanden, die die Rücknahme des Antrags gestatteten[113]. Denn das EGStGB zieht diese Befugnis nun als allgemein geltend in den

---

104 Baumann AT 6.A. S. 288 f. Auch Mezger-Blei AT 15.A. S. 2 warnt vor zu weitgehender Verallgemeinerung der Rechtfertigungsgründe und weist am Beispiel des Notstands sogar auf die rückläufige Tendenz hin: eine Rückverlagerung vom AT in den BT.

105 Notstand mit Pflichtenkollision, Notwehrüberschreitung sowie die Unfähigkeit, das Unrecht zu erkennen oder nach der Erkenntnis zu handeln. Vgl. dagegen die Unzumutbarkeitsgründe, die der BT anerkennt: §§ 157, 258 V, VI, 330c.

106 Bockelmann AT 1973, S. 124 scheint dies anzunehmen.

107 Vgl. Engisch in Welzel-Festschr. 1974, 354: nicht wesentlich für den *allgemeinen* Verbrechensbegriff.

108 Maurach BT 5.A. S. 5.

109 §§ 83a, 139, 158, 310, 311c, 315 VI, 316c IV. Für die österr. Reform wird vorgeschlagen, sie für alle materiellen „Versuchsdelikte" in den AT zu übernehmen, vgl. Tschulik ÖJZ 74, 653.

110 §§ 77a–d StGB.

111 Vgl. z.B. § 197 StGB.

112 § 238 II StGB.

113 §§ 123 III 2, 194 S. 2, 232 II, 247 I 2, 263 IV 2, 265a III 2, 266 III 2, 294 S. 2.

AT[114]. Hätte schon bisher – sachlich identisch mit dem alten Recht – eine Vorschrift im AT des Gesetzes die Rücknehmbarkeit für die aufgezählten Fälle des BT vorgesehen, so wäre sie wohl unbesehen dem AT zugerechnet worden. Diese – allgemein bedeutsame – Frage ist hier dann nicht aktuell, wenn man die Materie mit der h.M. überhaupt aus dem materiellen Recht ausscheidet.

Selbst die *Strafdrohungen* sind nicht in leicht einsehbarer Weise verteilt. Denn der BT des Gesetzes enthält über die konkreten Strafrahmen hinaus auch – gegenüber dem AT neue – Arten von Nebenstrafen bzw. -folgen: die Urteilsbekanntmachung (§§ 165, 200), bisher noch Verfall (§§ 92b II, 335) und Buße (§§ 188, 231) sowie die Anwendungsfälle der Einziehung[115]. Von diesen entfiel zwar am 1.1.1975 die Buße ersatzlos[116], und der Verfall der Bestechungssumme hat wiederum die „Feuerprobe" im BT offenbar bestanden, denn das 2. StrRG überführt ihn als allgemeine Nebenfolge in den AT[117]. Immerhin bleibt die Urteilsbekanntmachung dem BT vorbehalten und soweit auch der künftige BT die Einziehung regelt, handelt es sich nicht einfach um Anwendungsfälle der im AT eingeführten Sanktionsart, sondern um tatbestandliche Erweiterungen der sonst unmittelbar anwendbaren Einziehungsnorm des AT; für den Fall dieser Erweiterung trifft wiederum der *AT* eine Sonderregelung, die doch nur für bestimmte Delikte gilt.

Schließlich gilt es als ausgemacht, daß die *Konkurrenzlehre* dem AT angehöre, wenngleich zugegeben wird, daß die in die Domäne des BT fallende Rechtsgüterlehre oft Konkurrenzfragen entscheidet. Angesichts dieses Verhältnisses genügt es nicht, festzustellen, daß die Konkurrenz „grundsätzlich" Anliegen des AT, „in der praktischen Auswirkung aber nicht vom BT zu trennen" sei[118]. Vielmehr sagt uns der AT nur innerhalb seiner Strafbemessungsregelung, was bei Ideal- oder Realkonkurrenz zu *geschehen* habe. Der BT muß demgegenüber entscheiden, *ob* bei Tateinheit Ideal-, bzw. bei Tatmehrheit Realkonkurrenz eintritt oder ob ein erfüllter Tatbestand gegenüber einem anderen zurücktreten will. Denn der Geltungswille einer BT-Norm kann nur durch Auslegung ihrer selbst ermittelt werden. Die Lehre von der „scheinbaren" oder Gesetzeskonkurrenz gehört also dem BT an.

f) Zusammenfassung

Der AT beschränkt sich nicht darauf, aus gesetzestechnischer Ökonomie vorwegzuregeln, was bei allen oder vielen Delikten oder wenigstens gewissen Tatbestandsgruppen gleichermaßen einschlägig ist[119] *(„Klammerfunktion")*. Denn bei systematischer Durchführung dieses Prinzips hätten die nur für einen Teil des BT

---

114 § 77d I 1 StGB; vgl. Amtl. Begr. EGStGB Einl. II 4, S. 182.

115 §§ 92b I, 101a, 109k, 150, 285b, 295, 296a II; dagegen ist § 245a III (Diebeswerkzeug) durch das 1. StrRG aufgehoben.

116 Art. 19 Nr. 78 u. 103 EGStGB, vgl. Amtl. Begr. Einl. II 7.

117 §§ 73 ff.; vgl. Art. 1 Nr. 28 2. StrRG u. Amtl. Begr. EGStGB Einl. II 3, S. 182.

118 So Maurach BT 5.A. S. 6.

119 So aber die meisten. Vgl. Maurach BT S. 4; Bockelmann Lb. S. 29; Schmidhäuser Lb. 1970, 1/8; Welzel Lb. 11.A., S. 30 (§ 7 I): „für *alle* Straftaten"; ebenso Vouin-Léauté Lb. 1965, S. 2 f. für das französ. Recht. Diese Erwägung bestimmt maßgeblich auch den Gesetzgeber. Vgl. dazu die unten B III 2 behandelte Reformdiskussion zu § 49a a.F. (jetzt § 30), aber auch z.B. zu § 330a: nach Koffka Niederschr. II 245 ist die Entsch., ob es künftig strafbegründende Erfolgsdelikte i.e.S. geben soll, „keine Frage des AT", *weil* wegen ihrer historischen und strukturellen Verschiedenheit eine *gemeinsame* Bestimmung nicht in Betracht komme.

geltenden Normen ihren korrekten Standort im BT, wo auch in der Tat einige solcher Bestimmungen ihren Platz gefunden haben; bei ihnen handelt es sich aber nicht um historisch-zufällige Irrläufer, sondern ihr Standort ergibt sich daraus, daß die Tatbestandsgruppe, auf die sie Anwendung finden, zugleich eine – oder mehrere – Deliktsgruppen im Sinne der Legalordnung bilden. Der AT soll mit seiner Dogmatik auch nicht in erster Linie der *Rechtssicherheit* dienen, sondern eher der Gerechtigkeit; denn trotz seines naturgemäß generellen Charakters ist er doch zugleich auf Individualisierung angelegt, um die rohen Typenmerkmale des BT zu korrigieren. Es trifft auch nicht zu, daß nur der AT einem *System* zugänglich sei[120]; vielmehr erweckt die Lehrbuchliteratur nur diesen falschen Eindruck, indem sie dem AT zuschlägt, was sie an Systematisierung des BT leistet. Die Meinung schließlich, daß nur im Rahmen des AT die *Analogie* auch zu Ungunsten des Täters erlaubt sei, weil der AT keine „Tatbestandswirkung" entfalte, ist abzulehnen.

Der tragende Unterschied zum BT besteht vielmehr darin, daß der AT keine Rechtsgüter kennt und kein Unrecht indiziert. In materiell „blinder" Formalität funktioniert er allein in bezug auf den BT. Nur deshalb kann die Unterscheidung der beiden Teile das Wertungsmonopol des Gesetzgebers garantieren. Das bedeutet freilich nicht, daß der AT die Gestaltung der Tatbestände nicht beeinflussen könne. Im Gegenteil: mit einem Federstrich im AT läßt sich eine kaum absehbare Reihe neuer Delikte schaffen, so etwa, wenn man die fahrlässige Erfüllung jedes Tatbestandes wieder für strafbar erklärte[121]. Solche Eingriffe vollzieht der Gesetzgeber aber bewußt im Blick auf und mit Wirkung für den BT; dem AT gibt er dadurch keinen eigenen materiellen Gehalt.

AT-Normen sind also ohne den BT nicht anwendbar; dies aber nicht in dem Sinne, daß sie der *Konkretisierung* durch den BT bedürften; sie bedürfen vielmehr der *Ergänzung* auf einer ihnen fremden Ebene.

2. Das Wesen des BT

a) Das Wesen des BT läßt sich infolge seiner vergleichsweise größeren Homogenität und in der Gegenüberstellung zum eben erkannten Charakter des AT leicht bestimmen. *Der BT definiert* in der durch Art. 103 II GG vorgeschriebenen kasuistischen Weise *das Verbrechen;* er allein bestimmt, wo das Zentrum des Unrechts der von ihm vertypten Handlungen liegt; er umreißt die für den Regelfall gültige Spielbreite der Strafe nach Art und Höhe. Demgegenüber fallen die im BT enthaltenen „kleinen Allgemeinen Teile", die für gewisse Deliktsgruppen Gemeinsames regeln, quantitativ und dogmatisch wenig ins Gewicht. Sie gehören

120 So Welzel Lb. 11.A. S. 278.

121 So Art. 69 BayStG 1813; dazu v. Bar, Geschichte des Deutschen Strafrechts 1882, S. 177 Fn. 723.

nach der „Klammerfunktion“ zu den „ATen“ der untersten Stufe, nicht aber dogmatisch in den AT des Strafrechts; denn die Stellung solcher Vorschriften ist nur gesetzestechnisch bedingt. Für die dogmatische Einteilung ist entscheidend, daß allein der BT, nicht der AT das Verbrechen definiert[122].

In den BT gehört eine Tatbeschreibung, deren Erfüllung die Unrechtsindikation nach Auffassung des Gesetzgebers *in sich selbst* trägt oder, wenn man so will, ein besonderes Rechtsgut verletzt[123]. Umgekehrt sollten solche strafbegründenden Normen im AT stehen, die ihren Unrechtsgehalt aus anderen Vorschriften beziehen oder die Strafbarkeit gegenüber einem Tatbestand einschränken.

Letzteres ist freilich nicht konsequent durchgeführt. Die Entscheidung des Gesetzgebers, aus technischer Zweckmäßigkeit eine Norm im BT unterzubringen, hindert die Wissenschaft aber nicht, diese Norm dem AT des Straf*rechts* zuzuordnen, wie etwa die Rechtfertigungsgründe in §§ 226a, 193 oder Sonderregelungen des Verbotsirrtums. Diese Freiheit geht aber andererseits nicht so weit, Tatbestände des BT ad libitum als „Versuchs-“ und „Vorbereitungs-“ oder „Teilnahme“-bestimmungen aufzufassen, sobald der Doktrin der Unrechtsgehalt in einer anderen, womöglich gar nicht normierten Handlung zu liegen scheint. Denn in diesen Fällen hat der Gesetzgeber von seiner Freiheit Gebrauch gemacht, durch die äußere Einordnung in den BT den Unrechtsgehalt in der sog. „Versuchs-“ oder „Teilnahmenorm“ zu fixieren.

b) Diese Konzeption weist dem *Gesetzgeber* – natürlich nur im Rahmen dessen, was verfassungsrechtlich kriminalisierbar ist[124] – ein weites Ermessen zu, namentlich hinsichtlich des Standorts einer Norm im AT oder BT. Es liegt bei ihm, durch Aufnahme in den BT für das Strafrecht als Unrechtszentrum zu definieren, was für das allgemeine Rechtsgefühl eher als Versuch einer oder Teilnahme an einer anderen „Haupttat“ erscheint. Diese Freiheit darf aber nicht mißverstanden werden, etwa in dem Sinne, daß dem Gesetzgeber das System AT–BT nicht vorgegeben sei; hic et nunc *ist* es vorgegeben, solange man sich nicht zu einem ganz neuen Kodifikationstyp entschließt. Hieraus folgt – und insoweit besteht die Kritik Zimmerls am BT des E 1927 zu Recht[125] –, daß der Gesetzgeber nicht „Teilnahme-“, „Versuchs-“, „Vorbereitungs“tatbestände schaffen darf, wenn er sie als solche aufgefaßt wissen will, oder Verwertungshandlungen in den Haupttatbestand einbeziehen und dort gar anstelle der

122 In dieser Richtung scheint sich sogar das Sowjetrecht zu bewegen, das noch auf dem materiellen Verbrechensbegriff basiert. Anzeichen ist mir, daß Durmanov, der noch im Lb. AT 1962, 38 *drei* Elemente des BT konstatiert hatte, nämlich neben dem Strafrahmen die Bestimmung der konkreten gesellschaftsgefährlichen, nach StGB strafbaren Handlungen *und* die Formulierung der Tatbestände dieser Verbrechen, in Sov. ugol. zakon 1967, 73 und in Lb. Bd. I 1970, 168 nur noch *zwei* Elemente erwähnt, indem er das letzte entfallen läßt.

123 Vgl. Letzgus, Vorstufen der Beteiligung, Str.Abh. N.F. 12, Berlin 1972, S. 211, 217.

124 Dies wiederum richtet sich nach dem „philosophischen AT“ in *dem* Sinne, in dem CJA Mittermaier diesen Feuerbach'schen Begriff gelten läßt: als Vernunftsrecht (vgl. Feuerbach-Mittermaier Lb. 14.A. 1847 § 2).

125 Zimmerl, Aufbau des Strafrechtssystems 1930, S. 114 ff. 118.

„eigentlichen“ Rechtsgutverletzung treten lassen darf, *wenn* er sie als bloße Nachtat verstanden wissen will. Entgegen Zimmerl kann man aber dogmatisch nicht darauf abstellen, was eine Handlung „ihrer Natur nach“ sei: Vorbereitung, Versuch, Verwertung bzw. Teilnahme zu und an einer gedachten oder an anderer Stelle normierten Haupttat oder aber selbst täterschaftliche Haupttat. Von dieser Warte ist nur kriminalpolitische Kritik am Gesetzgeber möglich. Wenn also die Grenze zwischen AT und BT als eine Frage der Überlieferung und des persönlichen Ermessens bezeichnet wird[126], so gilt dies nur für die kriminalpolitische Grundentscheidung des Gesetzgebers über Rechtsgut und Unrecht; sind hier die Würfel einmal gefallen, so muß sich der Gesetzgeber an das vorliegende System halten, will er nicht eine Verfälschung seines Willens in Kauf nehmen.

Nun hat man zwar gelegentlich den Eindruck, daß sich der Gesetzgeber über den Standort entweder zu wenig Gedanken gemacht oder umgekehrt sich unabhängig von seiner kriminalpolitischen Entscheidung an das vorgegebene System gebunden gefühlt habe[127]. Grundsätzlich darf man aber wohl davon ausgehen, daß die Standortentscheidung bewußt als Entscheidung im Hinblick auch auf alle Implikationen gefallen ist[128]. Diese Erkenntnis ist für die Auslegung bedeutsam. Denn ohne sie steht der Interpret in Gefahr, zwei einander widersprechende Methoden nebeneinander anzuwenden: nämlich einmal das Argumentieren mit der Tatsache, daß der Gesetzgeber die auszulegende Vorschrift in den BT eingestellt habe, dann wieder mit der Feststellung, die Vorschrift gehöre unabhängig von ihrem Standort im Gesetz dem AT des Straf*rechts* an[129]. Das zweite Argument sticht aber nur, wenn sich der oben genannte Fehler des Gesetzgebers ausnahmsweise verifizieren läßt.

c) Der BT der Strafrechts*lehre* ist umfangreicher, als man gemeinhin annimmt. Die Behauptung, daß der BT im Vergleich zur immer feiner sich verästelnden Dogmatik des AT vernachlässigt werde, trifft im beklagten Ausmaß gar nicht zu. Denn seit Jahrzehnten wird im großen Stil „AT des BT“ getrieben, nur daß man ihn äußerlich im Rahmen „allgemeiner Lehren“ abzuhandeln pflegt.

Dieser Standort legt einen sachlichen Fehler nahe, der auch tatsächlich nicht selten begangen wird: Man wendet allzu leicht die für den AT geltenden formalen Regeln auf Tatbestandsgruppen an, die im BT nach materiellen (rechtsgutorientierten) Gesichtspunkten gebildet werden und nur rechtspolitisch eine Ähnlichkeit mit den strafbarkeitserweiternden Vorschriften des AT aufweisen.

---

126 So Mezger-Blei AT 15.A. S. 2.

127 So im Fall des in der Reform ausführlich diskutierten Standorts des § 49a a.F. (jetzt § 30); dazu unten B III 2.

128 Auch dieser These möge – trotz aller Vorbehalte – die Fallstudie zu § 49a a.F., unten B III 2, zur exemplarischen Verifizierung dienen.

129 Zwischen beiden springt z.B. die Analyse des § 111 bei Dreher in der Gallas-Festschr. 1973, S. 307 ff. hin und her, ohne nach der Legitimation der Methode zu fragen.

Beispiele werden sich alsbald aus dem Bereich der sogenannten „Teilnahme"- und „Versuchsdelikte" zur Genüge finden. Die genannte Gefahr ist zwar durchaus nicht durchgängig realisiert: vielfach differenziert man innerhalb eines entdeckten Konstruktionstypus danach, ob die Gerechtigkeit und die innersystematische Stimmigkeit („Gereimtheit") im Einzelfall die Anwendung des AT gebietet. Es ist aber illusionär zu glauben, mit dieser partiellen Auflehnung gegen den Gesetzgeber[130] jemals einen Endpunkt gerechter Stimmigkeit innerhalb eines gegebenen Systems finden zu können. Denn im gleichen Maße, wie sich gewisse Tatbestandstypen im AT der Lehre so stark etablieren, daß auch der Gesetzgeber nicht mehr an ihnen vorbei kann, wird der Gesetzgeber einer BT-Norm, die er jenem AT-Einfluß entziehen will, neue individuelle Formen schaffen, für die das Problem der „Stimmigkeit" wiederum entsteht.

Das bedeutet keine Absage an eine Systematisierung der Tatbestände des BT. Nur muß diese Dogmatik auf dem Gebiet des BT bleiben. Andernfalls hat es trotz aller scharfsinnigen Bemühungen dabei sein Bewenden, daß sich die Lehre vom BT in einer Vielzahl von Legalordnungsvorschlägen erschöpft, die ihrerseits im Bereich des BT nur zur rechtsgutorientierten Auslegung einzelner Tatbestände als je einzelner taugt.

Sobald die Lehre darüber hinaus Auswirkungen, etwa zur Konkurrenzlehre zeigt, verweist man sie schleunigst in den AT, wie alles übrige, was zur Systematik der Tatbestände je generalisierend zutage gefördert worden ist. So kommt es, daß die Lehrbücher des BT seit Feuerbach bis heute nichts zu berichten wissen, als die Kommentierung der nach individuellen Legalordnungsvorstellungen geordneten Einzeltatbestände, allenfalls ergänzt durch eine Einleitung, die die zu Grunde gelegte Legalordnung erläutern soll. Wenn darüber hinaus gelegentlich in solch einer Einleitung ein generelles Schema des Aufbaus der BT-Tatbestände geboten wird, so geschieht es unter dem fast entschuldigenden Hinweis, daß es sich „an sich" um eine Summe des *AT* handele[131].

3. Das Verhältnis beider zueinander

Als Unterscheidungskriterium zwischen AT und BT kann nicht gelten, daß Vorschriften des BT stets für sich allein, solche des AT immer nur in Verbindung mit Bestimmungen des BT anwendbar seien. Denn zahlreiche Vorschriften des BT ergeben nur im Zusammenhang mit anderen eine komplette Norm. Das gilt etwa für Straf- und Nebenfolgen (z.B. §§ 109 i–k), die gemeinsam für eine Deliktsgruppe im BT geregelt werden, obwohl nach verbreiteter Ansicht gerade diese Geltung für eine ganze Gruppe den AT-Standort rechtfertigen soll. Es gilt aber auch für Gründe, die die Verurteilung ausschließen oder mildern und jeder Ebene des Verbrechensaufbaus oder den Prozeßhindernissen angehören können[132].

---

130 Dies, soweit die Grenzen der Auslegung überschritten werden.

131 Mezger-Blei, BT 9.A. S. 4.

132 Vgl. nur die Gruppe der Körperverletzungsdelikte: Rechtfertigungs- (§ 226a), Strafzumessungs- (§§ 228, 233) und Prozeßhinderungsgründe (§ 232) sind für die ganze Gruppe oder einen Teil von ihr oder auch (§ 233) über sie hinaus gültig und dennoch im BT geregelt; die bisher gemeinsame Strafbemessungsregel des § 228 a.F. ist aller-

Wollte man die genannten Kriterien beibehalten, so müßte man also dem Gesetzgeber sehr schlechte Arbeit attestieren; jedermann wird aber anerkennen, daß verweisende BT-Normen der genannten Art ihren zweckmäßigen Platz bei der betroffenen Deliktsgruppe haben.

Das Kriterium läßt sich auch nicht dadurch aufrecht erhalten, daß man es auf strafbegründende Tatbestandsnormen beschränkt. Zahlreiche Normen des BT ergeben erst im Zusammenhang mit anderen eine komplette Tatbestandsbeschreibung oder – häufiger – einen neuen Tatbestand, die nicht nur tatbestandliche Abwandlungen, sondern auch delicta sui generis sein können. Schließlich läßt sich auch nicht behaupten, nur auf Tatbestände des BT sei der AT anwendbar, nur bezüglich ihrer sei etwa Versuch und Teilnahme möglich.

Das Gegenteil beweist schon die allgemein akzeptierte Kettenanstiftung: danach kann eine AT-Vorschrift sogar „auf sich selbst" anwendbar sein, wie § 26 auf § 26. Allerdings soll § 30 die Besonderheit aufweisen, daß bei ihm nur der beendete, nicht schon der unbeendete Versuch strafbar sei[133]. Aber allein diese Frage aufwerfen bedeutet, den § 30 – in Verbindung mit einem Verbrechen des BT – selbst als Verbrechen betrachten, da sonst auch der beendete Versuch nicht in Betracht käme. Prinzipiell jedoch ist § 22 auf § 30 anwendbar.

Die verbrechensbezogenen Normen des AT unterscheiden sich von denen des BT weder inhaltlich noch notwendig im Grad ihrer Allgemeinheit. So ist etwa das „Vorbereiten" in § 83 (BT) sehr viel allgemeiner als die spezifizierten Vorbereitungshandlungen des § 30 (AT). Inhaltlich legen die Versuchs- und Teilnahmebestimmungen die Grenzen des Strafbaren ebenso fest wie die Tatbestände des BT. AT und BT bilden aber in anderem Sinne ein einheitliches Ganzes, so daß, im Gegensatz etwa zum Zivilrecht[134], niemals einer ohne den anderen angewandt werden kann[135]. Es handelt sich nicht um ein systematisches Über- und Unterordnungs-, sondern um ein *notwendiges Ergänzungsverhältnis.* Die strafbegründenden oder -modifizierenden Normen des AT sind für sich allein materiell unverständlich und dürfen nur im Zusammenhang mit einer gedachten BT-Norm interpretiert werden.

Wenn hier das sonst meist zu Grunde gelegte Verhältnis des Allgemeinen zum Einzelnen als unmaßgeblich verworfen wird, so nur im Blick auf den dogmatischen und straftatbezogenen Bereich. Ich verkenne nicht, daß einige Vorschriften des AT ihren Standort jenem allein vernünftigen systematischen Grund verdanken. Wenn dieses Prinzip aber durchgehend maß-

---

dings nun auf die Einzeltatbestände verteilt (§§ 223b–226, jeweils Abs. 2). Der E 1962 sah eine gemeinsame Rücktrittsvorschrift für alle gemeingefährlichen Delikte vor (§ 341).

133 Vgl. Letzgus a.a.O. (Fn. 123) S. 40 unter Verw. auf Haeger S. 24 f.

134 Allgemein gilt der AT des Strafrechts für bedeutsamer als die ATe anderer Rechtsgebiete, sei es, weil das Schwergewicht hier auf grundsätzlichen Erwägungen liege, die die Einzelheiten erst verständlich machen (Mezger-Blei 15.A. AT S. 2 f.), sei es, weil das Zivilrecht „offener", das Strafrecht enger begrenzt sei (Durmanov a.a.O. [Fn. 88] 1967, S. 74 f.).

135 Vgl. Solodkin in AT-Lb. (Beljaev-Šargorodskij), Moskau 1969, S. 31:

geblich wäre, so müßten „Allgemeine Bestimmungen" der Gesamtheit von AT und BT vorausgehen[136] und andere Vorschriften, die über AT und BT verstreut sind, „ATe" gewisser Untergruppen der BT-Tatbestände bilden. So etwa § 30 als „AT" der Verbrechen, §§ 22 ff. als AT der Gesamtheit von Verbrechen und jener Tatbestände, die den Versuch für strafbar erklären. Niemand würde eine solche Zerreißung der Versuchs- und Teilnahmebestimmungen befürworten, weil dies das wertvollere und dogmatisch allein bedeutsame System zerstörte, wonach der AT formelle Bezugs-, der BT materielle Unrechtsbestimmungen enthält.

Allerdings bildete die „ungeheure Vereinfachung", die die Voranstellung des allgemein Gültigen gesetzestechnisch mit sich bringt, historisch das Motiv für die gesetzliche Aussonderung eines AT[137]. Es traf aber schon für die ersten Kodifikationen dieser Art nicht zu, daß alle AT-Bestimmungen „bei allen Straftaten und allen ihren Arten anwendbar"[138] seien. Vor allem aber standen und stehen die AT-Normen auch dort, wo sie auf ein Delikt, wie es der BT ausweist, anwendbar sind, zu diesem nicht im Verhältnis der Überordnung, sondern der Ergänzung: kein Tatbestand läßt sich begrifflich unter Versuch oder Teilnahme, kein Strafrahmen unter die Strafzumessungsgründe subsumieren – im letzteren Falle eher umgekehrt. Was die schon seinerzeit vorhandenen Regeln des AT über die Strafbefreiung oder die heute stark angeschwollenen Einzelheiten über die Ausgestaltung von Maßnahmen mit dem BT zu tun haben soll, außer daß sie ihn voraussetzen, ist unerfindlich. Schließlich verwahrte sich schon die Begründung einer der ersten dieser Kodizes entschieden gegen die materielle Betrachtungsweise des Versuchs und der Vollendung: maßgeblich war und ist allein der formelle Tatbestand[139]. Versuch und Vollendung müßten aber im AT materiell verstanden werden, wenn sie als „Oberbegriff" der BT-Tatbestände fungieren sollten – eben hierin liegt die Gefahr der hierarchisch-systematischen Betrachtung des Verhältnisses zwischen AT und BT.

Die beiden Teile sind also einerseits enger verzahnt, andererseits durch die Verschiedenheit der Betrachtungsweise radikaler voneinander getrennt als bei einem Verhältnis vom Allgemeinen zum Speziellen: Gerade weil Regelungen des AT stets auf die Tatbestände des BT bezogen und ohne die Vorstellung konkreter Tatbestände nicht nachvollziehbar sind, hat sich die Dogmatik des Allgemeinen Strafrechts jeder inhaltlichen Diskussion zu enthalten. Andernfalls mißachtet sie den Grundsatz nullum crimen sine lege.

---

136 So in der Tat Durmanov a.a.O. S. 77, wo er die Art. 2–6 GrStGB (Grundlagen der Strafbarkeit, Arten der Strafgesetze, Geltungsbereich) dem „AT" der Gesamtheit von AT+BT zuschreibt.

137 Vgl. Mot. BayStG 1813, S. 48 ff.

138 Ebenda. So noch heute gängige Formulierungen; vgl. Lobe, Einführung in den AT, 1933, S. 23.

139 Ebenda S. 134.

IV. Zusammenfassung

Die Einteilung des Strafrechts in AT und BT ist relativ, für eine moderne Kodifikation aber unverzichtbar. Sie ist darüber hinaus dringend wünschenswert, weil sie ein durchschaubares Zusammenspiel zwischen der im Interesse der Rechtssicherheit gebotenen strengen Typik des BT und den im Interesse der Gerechtigkeit notwendigen individuellen Korrekturen ermöglicht.

Mit der Existenz der Einteilung stellt sich die Aufgabe, die beiden Bereiche präzise abzugrenzen. Dies nicht nur wegen des „unbeweisbaren Axioms, daß die Strafrechtsordnung eine Ordnung und keine Unordnung sein soll“[140], sondern weil das positive Recht gelegentlich an die Zugehörigkeit zum AT Folgen knüpft, weil zwar nicht die Zulässigkeit von Analogie und Gewohnheitsrecht, wohl aber die Erkenntnis des gesetzlich pönalisierten Unrechts hiervon abhängt, weil der Gesetzgeber selbst sich nach dem ihm vorgegebenen System richtet[141] und vor allem, weil eine Norm sich sachlich ändert, wenn sie ihren Standort im einen oder anderen Teil wechselt[142].

Hält man sich diese weitreichende Konsequenz des Standorts einer Vorschrift und die verschiedenartige Funktion der beiden Teile vor Augen, so wird deutlich, daß weit mehr als effiziente Gesetzestechnik auf dem Spiel steht. Dem Gesetzgeber ist mit dem AT ein neues Instrument zugewachsen, das es ihm erlaubt, seine Kriminalpolitik differenzierter durchzusetzen. Allerdings sollte er sich stärker als bisher bewußt sein, daß er mit der Standortentscheidung auch eine Sachentscheidung trifft, d.h. er sollte das Differenzierungsmittel auch bewußt nutzen.

---

140 Zimmerl, Aufbau des Strafrechtssystems 1930, S. 1 f.

141 Nach Zimmerl a.a.O. ist er auch de lege ferenda systemgebunden. Ist der Standort einer zu erlassenden Norm zweifelhaft, so fragt sich der Gesetzgeber in der Tat, ob sie in diesen oder jenen Teil „gehöre“ und setzt damit ein selbst ihm vorgegebenes System voraus.

142 S.o. A II 3.

B. DURCHFÜHRUNG

Die bis hierher abstrakt gewonnenen Ergebnisse sollen nun am Beispiel der Strafausdehnungsbestimmungen des AT – Versuch und Teilnahme – zugleich belegt und näher erläutert werden. Die Beschränkung auf den genannten Bereich[143] bedeutet aber nicht, daß die gefundenen Abgrenzungskriterien für die übrigen Materien des AT gleichgültig wären. Allerdings sind diese Kriterien, wie wir gesehen haben, so heterogen wie diese Materien selbst.

So wäre es sicherlich aufschlußreich, exemplarisch zu untersuchen, welchen Einfluß der Standort eines Merkmals im AT oder BT auf den Standort dieses Merkmals im Verbrechensaufbau nehmen kann. Man denke an die Berücksichtigung von *Notstands- oder Unzumutbarkeitslagen* in den Tatbeständen des BT; denn die bloße Tatsache der Besonderung solcher Regeln macht es ungleich schwieriger, sie von der Tatbestandsmäßigkeit zu lösen und ihre Zugehörigkeit zu anderen Verbrechensebenen zu begründen, als wenn sie ihren Niederschlag allgemein im AT gefunden hätten. Als zumindest ebenso aufschlußreich könnte sich eine Untersuchung jener Tendenz des Gesetzgebers erweisen, die Regelung gewisser *Irrtumsfälle* auf spezifische Tatbestände zuzuschneiden, in den BT zu verweisen und so der starren Irrtumsdogmatik insoweit zu entgehen.

Das bekannteste Beispiel bildet die spezielle Irrtumsregelung in § 113 IV. Die Rechtmäßigkeit der Amtsausübung erscheint hier zunächst als Unrechtsmerkmal der Widerstandshandlung außerhalb der Tatbestandsmäßigkeit. Denn wenn der Täter sie vermeidbar verkennt, entfällt nicht sein Vorsatz; vielmehr ist nur eine Strafmilderung möglich, wie beim vermeidbaren Verbotsirrtum. Ist der Irrtum aber nicht vermeidbar, so entfällt die Strafbarkeit nicht einfach mangels Schuld; vielmehr setzt die Straflosigkeit – aus einem Grund, der offen bleibt – die Unzumutbarkeit von Rechtsbehelfen voraus. Waren Rechtsbehelfe zumutbar, so wird der Täter behandelt, wie wenn er vermeidbar geirrt hätte; das Unterlassen der Rechtsbehelfe erscheint also als Unrechtsmerkmal.

Schließlich ist auch die zweifelhafte Einordnung der zusätzlichen *Strafwürdigkeits- oder -bedürftigkeitsmerkmale* in den Verbrechensaufbau betroffen, die über Unrecht und Schuld hinausgehen. Denn wenn der Gesetzgeber solche Merkmale im BT ausdrücklich vom Unrecht ausgenommen hat, wie jüngst wieder bei den Konkursdelikten, so greift der Interpret unzulässigerweise auf den materiellen Verbrechensbegriff unmittelbar zurück, indem er sie dennoch als „eigentliche" Unrechtsmerkmale empfindet oder sich sonst verpflichtet fühlt, sie im klassischen Verbrechensaufbau des AT unterzubringen.

In Wahrheit bedarf es nicht einmal der „Risikotheorie", um das schlechte Gewissen im Umgang mit objektiven Bedingungen der Strafbarkeit zu beruhigen. Denn entweder läßt sich mit Hilfe des materiellen Verbrechensbegriffes ermitteln, daß das Gesetz selbst Unrechts-

143 Dazu schon oben S. 23.

oder Schuldmerkmale meint. Oder das Gesetz wertet das schon abgesehen von diesen Merkmalen verschuldete Unrecht als ausreichend zur Rechtfertigung der angedrohten Strafe; dann darf der Interpret seine Unrechtsvorstellung nicht an die Stelle derjenigen des Gesetzgebers setzen. In dem Extremfall, daß der Gesetzgeber den Rahmen des materiellen Verbrechensbegriffs verläßt, indem er ein Merkmal zur objektiven Bedingung erklärt, ist, wie stets, das Verfassungsgericht zur Entscheidung berufen.

Derartig verschiedengerichtete Untersuchungen können aber hier nicht geleistet werden. Die Durchführung beschränkt sich daher auf eines der über die Klammerfunktion hinausführenden Kriterien: Die Formalität des AT.

I. Die Verwirklichungsstufen der Vorsatztat

1. „**Vorzone**" (Vorbereitung, Versuch)

a) Verstöße gegen die Trennung im AT

Der Versuch ist im AT geregelt. Diese (nicht ganz selbstverständliche[144]) gesetzgeberische Entscheidung zwingt nach dem gewonnenen Unterscheidungskriterium zu formaler Betrachtungsweise.

„Versuch" i.S. § 22 läßt sich materiell weder definieren noch auch nur vorstellen. Schon die (kriminalpolitisch bedeutsame) Hilfskonstruktion vom iter criminis, daß die Strafbarkeit „vorverlegt" sei, ist nicht ungefährlich. Sie suggeriert eine quasi raum-zeitliche „Entfernung" von einem Erfolg oder sonstigen Unrechtszentrum[145]. Demgegenüber besteht heute Einigkeit darin, daß der Versuch irgendeinen Wirklichkeitsgehalt nur in bezug auf den BT gewinnen kann, daß ihn von der Vollendung nicht der Mangel irgendeiner bestimmten Kategorie von Tatbestandsmerkmalen, sondern der Mangel eines beliebigen Merkmals des objektiven Tatbestands trennt und daß es deshalb insbesondere auch den erfolgreichen Versuch gibt.

Am einfachsten läßt sich nach üblicher Vorstellung der Versuch bei Erfolgsdelikten materiell definieren: als Ausbleiben des Erfolges, obwohl der Täter eine tatbestandsmäßige Handlung vornimmt, die nach seiner Ansicht geeignet ist, diesen von ihm gewollten Erfolg herbeizuführen. Wer mit diesem „Urbild" vom Versuch angetreten ist, wird in all den Fällen in Schwierigkeiten geraten, in denen eine Tat trotz Eintritts des vollen Erfolges „im Versuch stecken bleibt". Jedermann stimmt darin überein, daß Versuch vorliegt, wenn bei ausreichendem

---

144 Vgl. Bockelmann, Strafrechtliche Untersuchungen 1957, S. 158. Jedenfalls läßt sich der Versuch nicht in BT-Kategorien wie konkrete Gefährdungs- und Absichtsdelikte auflösen.

145 So mißt Maurach AT 4.A. S. 487 f. der Stufenlehre insofern „aktuelle Bedeutung" zu, als die Vollendung stets den Versuch, nicht aber immer die Vorbereitung konsumiere. Diese Vorstellung ist vom „Stufenverhältnis" zwischen Versuch und Vorbereitung her a maiore ad minus unbegreiflich. In Wahrheit gibt es aber die „ausnahmsweise" strafbare Vorbereitung gar nicht, s.u. b) bb).

Vorsatz irgendein Merkmal des objektiven Tatbestandes fehlt, etwa die Kausalität oder der Irrtum beim Betruge[146]. Erklären läßt sich dieser Versuchstyp aber nur mit dem rein formalen Charakter der strafrechtlichen Versuchsregelung und die Schwierigkeit, sich diesen Typ vorzustellen, rührt nur von dem falschen Ausgangspunkt einer materiellen Definition her.

Dagegen steht jedes literarische Bemühen, den allgemeingültigen Versuchsbegriff näher zu erläutern, in Gefahr, auf eine gewisse „Kernzone" des – noch immer als austauschbar gedachten – Delikts zu rekurrieren, deren Berührung ein unmittelbares Ansetzen darstellen soll. Solche materiellen Begriffsbestimmungen implizieren, daß dem Gesetzgeber des Besonderen Teils vorgegebene Vorstellungen über das existierten, was bereits als Tatbestandserfüllung, als Zentrum des Unrechtstypus zu gelten habe und was noch davor liegt. Offensichtlich erkennt der Gesetzgeber des Besonderen Teils eine solche Begrenzung aber durchaus nicht an. Denn häufig unterstreicht er die Relativität der Versuchsdefinition des AT, indem er im Besonderen Teil die Vollendung eines Delikts vorverlagert im Vergleich zu dem, was man als Zentrum der Unrechtshandlung zu betrachten geneigt sein könnte.

Gegen diese Erkenntnis verstößt zunächst die *Lehre vom Mangel am Tatbestand.* Man darf sie aber nicht mit dem Hinweis darauf widerlegen, daß auch bei einem solchen Mangel Strafwürdiges verwirklicht sein könne. Denn dies ist wiederum eine dem BT vorbehaltene Überlegung. Es ist Sache des BT-Gesetzgebers, die versuchsrelevanten Tatbestände so zu formulieren, daß die Verwirklichung eines beliebigen Merkmals ausreichend unwertbehaftet ist.

Die Lehre vom Mangel am Tatbestand war ein typisches Fehlprodukt der materiellen Versuchsauffassung. Denn sie suchte unter den Tatbestandsmerkmalen dasjenige heraus, das als „Schlußglied" die Vollendung charakterisieren und dessen Mangel folglich den strafbaren Versuch allein begründen sollte. Selbstverständlich kann das „Zentrum des Unrecht" aber in beliebigen anderen Tatbestandsmerkmalen liegen, so daß der Versuch nach materiellen Kriterien auch dann als strafwürdig erscheinen kann, wenn der Tatbestand schon abgesehen vom Fehlen des „Schlußstücks" einen Mangel aufweist[147]. Dieser Einwand der heute h.L. argumentiert aber wiederum mit einer materiellen Wertung. Sie fördert daher, sofern sie bei dieser Kritik stehen bleibt, das Mißverständnis, „eigentlicher" Versuch setze die Verwirklichung des zentral unwertbehafteten Tatbestandsmerkmals voraus. In Wahrheit ist aber jede Differenzierung unter den Merkmalen ausgeschlossen[148]. Die Ausgrenzung der „absoluten Untauglichkeit", die nach neuem Recht mit „grobem Unverstand" verbunden sein muß, kann auf diese Weise nicht gelingen. Von diesem Extremfall abgesehen hat der Rechtsanwender strafbaren Versuch ganz formal stets dann anzunehmen, wenn ein beliebiger Tatbestandsteil verwirklicht ist. Es ist Sache des BT-Gesetzgebers, die Tatbestände so zu formulieren, daß dabei seine Wertung zum Durchbruch kommt. Wer etwa beim Diebstahl das zentral unwertbehaftete Merkmal suchen wollte, könnte es im geschriebenen objektiven Tatbestand kaum finden; denn es läge offenbar im Mangel des Einverständnisses des Eigentümers. Die Strafwürdigkeit liegt allein im – ansatzweise betätigten – subjektiven Tatbestand.

---

146 Vgl. Maurach AT 4.A. § 41 I C 1. Letzgus (Vorstufen der Beteiligung, Str. Abh. N.F. 12, Berlin 1972, S. 25 ff.) spricht vom *„erfolgreichen* (Anstiftungs-)*versuch"* etwa dann, wenn der Angestiftete den Erfolg ohne Vorsatz herbeiführt. Dort aber auch Nachw. für die Annahme vollendeter Anstiftung.

147 Vgl. Maurach AT § 41 III B 2.

148 So auch Bockelmann, Strafrechtliche Untersuchungen 1957, S. 156.

Zweitens wäre es mit dem AT-Charakter unvereinbar, den Versuch als *Privilegierung des Vollendungstatbestandes* oder umgekehrt diesen als Qualifizierung des Versuchs aufzufassen. Denn auch der versuchte Handlungsunwert kann unter Strafe stehen.

Die Fehlvorstellung von der *Vollendung als „Qualifizierung" des Versuchs* oder umgekehrt des Versuchs als „Privilegierung" der Vollendung folgt aus der materiellen Versuchskonzeption. Diese Auffassung setzt voraus, daß der BT nur den Erfolgsunwert erfasse und daß der Handlungsunwert dem Versuch reserviert sei. Davon aber kann natürlich keine Rede sein, da es dem Gesetzgeber frei steht, den Handlungsunwert für ein vollendetes Delikt ausreichen zu lassen und so auch den „versuchten Handlungsunwert" unter Strafe zu stellen[149].

Auf unzulässiger materieller Betrachtung beruht drittens die Meinung, daß der *Versuch bei gewissen Delikten undenkbar* sei, bei denen das „Ansetzen" bereits Vollendung bedeutet. Der kriminalpolitische Hintergrund weit vorverlegter Strafbarkeit ist zwar für die Auslegung wichtig[150]. Konstruktiv undenkbar ist der Versuch aber schon deshalb nicht, weil das Manko in einem handlungsunabhängigen Tatbestandsmerkmal liegen kann (Untauglichkeit)[151].

Schließlich entwertet die gebotene formale Betrachtungsweise ein *Argument*, das *gegen die Lehre von den negativen Tatbestandsmerkmalen* vorgebracht zu werden pflegt. Verbindet sich diese Lehre mit der Voraussetzung eines subjektiven Rechtfertigungselementes, so wird sie einen Täter wegen bloßen Versuchs haften lassen, der einen vorhandenen Rechtfertigungsgrund nicht erkannt hat. Hiergegen läßt sich nicht argumentieren, daß doch „das Opfer tot sei"; denn die Möglichkeit eines „erfolgreichen Versuchs" liegt auch sonst in dessen formalem Bezugscharakter begründet.

Ebenso formell wie der Versuch i.S. § 22 ist auch der Begriff jener *Vorbereitung* zu verstehen, die es im Rahmen des § 22 als straflos auszugrenzen gilt. Diese Feststellung ist wichtig, weil der gleichlautende Begriff der Vorbereitung im *BT materiell* zu verstehen ist. Entsprechend steht dem formellen Versuchsbegriff des § 22 der materielle des § 11 I Nr. 6 gegenüber[152].

b) Verstöße gegen die Trennung im BT

Die formelle Auffassung des Versuchs ermöglicht eine allgemeine Regelung der Rechtswirkungen – Strafmilderung, Rücktritt, tätige Reue. Dies bedeutet natürlich nicht, daß der BT für die in ihm enthaltenen oben sogenannten „echten"

---

149 So auch Tarnowski, Die systematische Bedeutung der adäquaten Kausalitätstheorie für den Aufbau des Verbrechensbegriffs, Berlin/Leipzig 1927, S. 83.

150 Vgl. z.B. beim „Verleiten" in § 176 I 3 a.F., jetzt „Bestimmen" in § 176 II, V 2. Zur Abgrenzung der Vorbereitung vom Versuch des Verleitens (ein Fall von „Versuch des Versuches") bei §§ 43, 176 I 3 a.F. vgl. BGH 6, 302 gegen Bockelmann JZ 1954, 473 und OLG Celle NJW 1972, 1823 m. Anm. Rudolphi JuS 1973, 20.

151 Zum Versuch bei Vorbereitungs- und Unternehmensdelikten u. b.

152 Hierzu unten b) cc).

Versuchstatbestände keine abweichenden Rechtsfolgen normieren dürfe, zumal er die tätige Reue auch nach Vollendung honorieren kann[153]. Eine materielle Versuchsdefinition würde dagegen vorausgesetzt, wenn eine AT-Regelung der tätigen Reue für alle sogenannten „Versuchs-" und Absichtsdelikte, d.h. solche Tatbestände gelten soll, die schon vor Eintritt des „Erfolges" vollendet sind[154]. Denn ein solches Verständnis setzt voraus, daß man „hinter" einigen der vom BT-Gesetzgeber typisierten Tatbestände ein „eigentliches", engeres Delikt sieht, etwa die Verwirklichung jener Absicht, mit der sich das positive Recht zur Vollendung begnügt. In solchen Fällen stempelte der AT dasjenige Verhalten zum Versuch, das der BT als Vollendung ausgestaltet hat. Dem Richter bliebe überlassen, im Hinblick auf die Versuchsfolgen ein individuell empfundenes „eigentliches" Vollendungsdelikt des entsprechenden Typus an die Stelle der Entscheidung des BT-Gesetzgebers zu setzen. Ein solches Verfahren wäre deshalb unmöglich, weil sich hinter ausschließlich jedem Tatbestand ein engeres „eigentliches" Unrecht ausmachen läßt. Nicht nur alle Tätigkeits- und Gefährdungsdelikte würden zum Versuch abgewertet[155]; auch jenseits tatbestandlicher Erfolge lassen sich immer noch weitere, je nach Auffassung weiter im Zentrum des Unrechts liegende Erfolge ausfindig machen, die der Gesetzgeber aber gerade nicht zur Voraussetzung der Vollendung gemacht hat.

Eine „natürliche" Vollendung gibt es daher in keinem Deliktskreis; stets ist die Vollendung – und damit der materielle Versuch – Gegenstand der Entscheidung des BT-Gesetzgebers. Von Fällen des „Versuchs" oder „Rücktritts" im BT kann keine Rede sein.

Diese Erkenntnis hat Bedeutung für die Auslegung nicht nur der „unechten Unternehmenstatbestände", sondern letztlich sämtlicher Tatbestände. Denn stets läßt sich ein Schaden ausmachen, vor dem die Strafdrohung schützen soll, obwohl sie bereits an eine gefährdende, d.h. in bezug auf jenen Schaden nur „versuchende" Handlung anknüpft. Wer etwa *versucht,* das Leben eines Autofahrers anzugreifen, *vollendet* bei Vorliegen der übrigen Merkmale den Unternehmenstatbestand des § 316a. Ebenso *vollendet* aber auch den Tatbestand des § 316c I 1, den man als „unechten Unternehmenstatbestand" bezeichnen könnte, wer *versucht,* das Leben eines Flugzeugführers anzugreifen, wenn die übrigen Merkmale vorliegen. Schließlich *vollendet* aber auch den Tatbestand des § 315b, den man nicht als unechtes Unternehmensdelikt ansehen würde, wer in der dort beschriebenen Weise *„versucht"*, das Leben eines Autofahrers anzugreifen. Die-

153 So besonders ausgeprägt der österr. StGB-Entwurf. Übersicht über die Rücktrittsbestimmungen im deutschen BT bei Maurach AT 4.A. S. 527.

154 Befürwortet von Tschulik ÖJZ 1974, 653 (656 f.).

155 Vgl. Maurach BT § 41 I C 2 b: fehlende Potenz beim Inzest, fehlender Begünstigungserfolg: irrelevant, da BT „Erfolg" nicht verlangt. In Wahrheit liegt deshalb der Erfolg früher (in der Handlung). Die Handlung kann daher auch nie im Rechtssinne „untauglich" sein.

ser (materielle) „Versuch" ist „so sehr Vollendung", daß dort der (formelle) Versuch nicht nur denkbar, sondern auch strafbar ist (Abs. 2). Immerhin handelt es sich um ein konkretes Gefährdungsdelikt, so daß der Schaden, der letztlich verhindert werden soll, wenigstens mittelbar im Tatbestand erscheint. Das gleiche gilt aber auch für abstrakte Gefährdungsdelikte, weil auch dort die Schadensverhütung letztlich ratio der Strafdrohung ist. Endlich läßt sich ein (materieller) „Versuch" aber selbst in schlichten Tätigkeitsdelikten sehen, sofern man überhaupt ein Rechtsgut suchen zu müssen glaubt, und sogar in Erfolgsdelikten, bei denen ein jenseits des Tatbestandes liegender, noch größerer Schaden in Betracht gezogen wird. Besonders deutlich ist dies bei den Absichtsdelikten. So *vollendet* der Brandstifter den Tatbestand des § 307 Nr. 3, wenn er auf die dort beschriebene Weise *„versucht"*, das Löschen des Feuers zu verhindern. Es *vollendet* letztlich aber auch den Tatbestand des § 246, wer *„versucht"*, durch die Unterschlagung die Eigentumsordnung zu verunsichern.

Entsprechend sind die im BT enthaltenen Regelungen der tätigen Reue dogmatisch wohl von derjenigen des § 24 zu unterscheiden. Solche Sonderregeln sind zwar insbesondere bei echten Unternehmenstatbeständen zu finden[156], sie bestehen dort aber bewußt nicht überall und sind andererseits auch dort anzutreffen, wo technisch kein Unternehmen vorliegt, etwa in § 316c IV. Daher ist kein Grund ersichtlich, generell bei den Unternehmensdelikten die vorhandenen Bestimmungen über tätige Reue analog anzuwenden. Wer dies verlangt, weil es der Gerechtigkeit näher käme, müßte die gleiche Forderung nicht nur auf die „unechten" Unternehmensdelikte, sondern letztlich auch auf die Gefährdungs- und Absichtsdelikte ausdehnen, wo die „Beendigung" noch aussteht. Diese Entscheidung liegt aber allein beim Gesetzgeber.

aa) „Versuchsdelikte"

Die Relativität des formellen Versuchsbegriffs im AT wird besonders deutlich, wenn der BT die Strafbarkeit „vorverlagert" im Vergleich zu dem, was man als Zentrum des Unrechts zu betrachten geneigt sein könnte. Ich meine die Fälle, in denen die formelle Vollendung schon erfaßt, was materiell erst als Versuch erscheint. Es ist gefährlich, hier von „Versuchsdelikten" zu sprechen, und falsch, wenn man dabei den Versuch im formellen Sinne meint; denn dies hätte Konsequenzen, die der Entscheidung des Gesetzgebers widersprechen.

Man kann zwar mit einer gewissen Berechtigung zwischen „unechten" und „echten Versuchsdelikten im BT" je nach dem unterscheiden, ob die (materielle) Versuchshandlung einem tatbestandslosen bzw. im gleichen Tatbestand als bloße Intensivierung des Unrechts erfaßten „Erfolg" oder ob sie einem anderen Tatbestand vorgelagert ist. Denn aus der Existenz „echter Versuchsdelikte" kann

156 §§ 83a, 316a II.

folgen, daß andere, im BT nicht erfaßte formelle Versuche an dem dahinter stehenden weiteren Tatbestand nicht strafbar sein sollen[157].

Von „Versuchsbestimmungen im BT" spricht man bisweilen dort, wo neben der Beschreibung eines vollendeten Delikts ein Tatbestand des gleichen Unrechtstypus erscheint, der ein näher beschriebenes „Ansetzen" zu jenem ersten Tatbestand *gesondert* unter Strafe stellt (z.B. § 160 StGB). Solche Sonderregelungen können dadurch veranlaßt sein, daß dem Gesetzgeber nicht jedes beliebige „Ansetzen" zu einer bestimmten Tatbestandshandlung strafwürdig erscheint, sondern nur das „Ansetzen" in bestimmter Form. Sie können sich aber auch daraus ergeben, daß gewisse Versuchtstypen, etwa versuchte Teilnahmehandlungen, nicht generell, sondern nur in einzelnen Fällen strafbar sein sollen, so die „versuchte Beihilfe" in §§ 218 IV a.F.[158] (vgl. jetzt § 219b), 120 II[159], 257 („Hilfe leisten")[160] oder der gesamte Bereich der versuchten Anstiftung im französischen Recht[161].

Aber auch bei dieser Gruppe ist der (materielle) Versuch „vollgültig" (formelle) Vollendung, insofern der formelle Versuch bei ihnen stets denkbar und mitunter sogar strafbar ist (vgl. § 160 II) und insofern ein Rücktritt von der formellen Vollendung nicht ohne weiteres analog zu solchen Fällen honoriert werden darf, in denen der Gesetzgeber dies vorsieht. Die „*Sonder*regelung" des Versuchs im BT schließt also die nebengelagerte *allgemeine* Versuchsregelung nicht aus, sondern hat im Gegenteil zur Folge, daß sich die Strafbarkeit bei Anwendung der vorgelagerten §§ 22 ff. schon auf diese „Sonderregelung", auf den „Versuch des Versuchs" ausdehnt, also auf ein Ansetzen zu der an sich schon vorgelagerten Handlung. Denn bis zur Grenze des verfassungsrechtlich Zulässigen kann den Gesetzgeber nichts hindern, den für kriminell erachteten Bereich im Vergleich zu einer vielleicht volkstümlichen Anschauung auszudehnen und damit die Vollendung früher eintreten zu lassen.

Umso mehr muß davor gewarnt werden, bei den „unechten Versuchsdelikten" aus der materiellen Versuchssituation Konsequenzen zu ziehen, die der Entscheidung des Gesetzgebers für die Vollendung widersprechen. Denn der potentielle Kreis solcher Delikte kennt keine Grenze. In erster Linie wird zwar an die Unternehmensdelikte, darüber hinaus auch an die unechten, gedacht; fortschreitend können aber konkrete Gefährdungsdelikte, Absichtsdelikte, abstrakte Gefährdungsdelikte, und schließlich auch schlichte Tätigkeits-, ja sogar Verletzungsdelikte einbezogen werden, *immer mit dem Argument, daß „hinter" deren Vollendung ein intensiveres Unrecht als „eigentliches Endziel" des Täters stehe.* Zuletzt wäre eklatant offenbar, daß sich der Rechtsanwender so zum Gesetzgeber aufwürfe; prinzipiell der gleiche Vorwurf ist aber auch bei den zunächst

157 Vgl. § 218 IV a.F. als Sonderfall strafbaren Beihilfeversuchs.

158 So wandten Schönke-Schröder § 2 RN 18 den § 49a III, IV a.F. analog auf § 218 IV a.F. als Versuchsdelikt an, während Maurach BT 5.A. S. 69 hier richtig erkannte, daß es sich nicht um einen „Versuch" i.S. des AT handelte.

159 Jescheck AT 2.A. S. 489.

160 Welzel Lb. 11.A. S. 393 f., 518.

161 Vouin-Léauté, Droit pénale . . . 1965, S. 43.

naheliegenden „Versuchsdelikten" zu erheben, wenn der in ihnen enthaltene materielle Versuch in dieser oder jener Hinsicht formell verstanden wird: sei es, um das Rücktrittsprivileg, sei es, um die angebliche Unmöglichkeit eines „Versuchs des Versuchs" zu begründen.

Es bleibt also bei dem fundamentalen Satz, daß der Versuch im BT ebenso ausschließlich materiell zu verstehen ist, wie er im AT formell verstanden werden muß.

bb) Vorbereitung

Die allgemeine Auffassung, daß Vorbereitungshandlungen *„grundsätzlich" straflos, „ausnahmsweise" aber strafbar* seien, vermischt AT und BT in unzulässiger Weise; denn „Grundsatz" und „Ausnahme" liegen auf prinzipiell unvergleichbaren Ebenen.

Die Aussage, daß Vorbereitungshandlungen „grundsätzlich" straflos, „ausnahmsweise" aber strafbar seien[162], impliziert zwei einander widersprechende Definitionen der „Vorbereitungshandlung" und befindet sich undifferenziert teilweise auf dem Gebiet des AT, teils auf dem des BT sowie teils auf kriminalpolitischem, teils auf dogmatischem Terrain. Das Resultat ist eine unsichere Basis für die Lösung der Versuchs-, Rücktritts-, Teilnahme- und Konkurrenzfragen.

Legt man dem „Prinzip" der straflosen Vorbereitung die formale Definition zugrunde, daß ein die Tatbestandserfüllung umfassender Plan in bisher nicht tatbestandserheblicher Weise durchgeführt wird, so beschränkt sich die Aussage auf den AT und auf den Blickwinkel des Rechtsanwenders und Rechtslehrers. Dann gilt der „Grundsatz" aber ausnahmslos. Denn der AT kennt keinen Fall strafbarer Vorbereitung im Sinne der Tatbestandsunerheblichkeit.

Versteht man die Vorbereitung aber materiell als entferntere Rechtsgutsgefährdung und als eine im allgemeinen noch ungewisse, das Rechtsgefühl der Gemeinschaft noch nicht ernstlich erschütternde Äußerung des verbrecherischen Willens, so leuchtet die „ausnahmsweise" Strafbarkeit freilich ein, wenn nämlich im Einzelfall doch das Rechtsgut bereits „real" gefährdet, der verbrecherische Wille deutlich zutage getreten ist. Nur befinden wir uns mit dieser Überlegung bereits auf dem Gebiet des BT und betrachten die Vorbereitung aus der kriminalpolitischen Sicht des Gesetzgebers. Die angebliche „Ausnahme" liegt also auf anderer Ebene und paßt daher nicht zum „Grundsatz". Möglicherweise ist ja die gefährliche Vorbereitung gar nicht strafbar, sie „könnte" oder „sollte" es nur sein.

Wo die „Vorbereitung" im BT tatbestandlich normiert wird[163], ist sie also ebenso materiell zu verstehen wie der Versuchsbegriff des § 11 I Nr. 6[164]. Sie darf daher nicht mit jener Vorbereitung identifiziert werden, die im Rahmen des § 22 vom Versuch abzugrenzen ist.

---

162 Maurach AT S. 489; Jescheck AT S. 394; Mezger-Blei AT S. 249, 253; Baumann AT 6.A. S. 510, 525; Welzel 11.A. S. 188; Schönke-Schröder § 43 RN 27; Stratenwerth Lb. RN 678; Bockelmann Lb. S. 202.

163 Im französischen Recht wird auch die Anfertigung von Nachschlüsseln (Art. 399 CPP), das Zur-Verfügung-Stellen von Waffen (Art. 60, zugleich „Teilnahme"), die bloße Entschlußfassung in den Fällen unseres § 30 als „Vorbereitung" deklariert. Vouin-Léauté Lb. 1965, S. 40 meinen, solche Abweichungen der formellen von der materiellen Vollendung müßten relativ selten bleiben, um nicht in Willkür auszuarten. Sie könnten aber gerechtfertigt sein, wenn es unklug wäre, mit der Eingriffsmöglichkeit bis zur materiellen Vollendung zu warten.

164 Dazu unten cc.

Diese Differenzierung, die ich nur bei Schmidthäuser[165] deutlich wiedergefunden habe, klärt die Zweifel an der üblichen Begründung sowohl des „Grundsatzes“ als auch seiner „Ausnahmen“: Für den Rechtsanwender ist die Vorbereitung nicht aus „teils beweistechnischen, teils kriminalpolitischen“ Gründen „grundsätzlich straflos“[166], sondern allein deshalb stets straflos, weil das Gesetz sie nicht mit Strafe bedroht. Für ihn bedeutet die Schwierigkeit, den Deliktsvorsatz nachzuweisen[167], gar nichts, zumal auch die strafbare Versuchshandlung, etwa die Wegnahme der eigenen Sache, objektiv völlig harmlos sein kann. Ihn interessiert auch nicht die Erfahrung, daß zwischen Vorbereitung und Durchführung oft ein Hindernis eintritt oder die kriminelle Energie im entscheidenden Augenblick fehlt. Denn das Gleiche gilt auch vom Versuch – deshalb die Rücktrittsmöglichkeit – und insbesondere von den „ausnahmsweise“ eben doch strafbaren „Vorbereitungshandlungen“, wie die positivrechtliche Honorierung der tätigen Reue in einigen dieser Fälle zeigt. Man wende nicht ein, daß „regelmäßig“ der Gesichtspunkt, daß „nicht so heiß gegessen wie gekocht wird“, eben doch bei der Vorbereitung, als dem „früheren“ Stadium, graduell stärker zum Tragen komme. Dem liegt die kriminalpolitische, materielle Stadienvorstellung zugrunde. Für den Rechtsanwender bestimmt sich die „Nähe“ oder „Ferne“ zum Delikt aber allein nach den BT-Tatbeständen, so daß eine nach seiner Vorstellung sehr rechtsgutsnahe Handlung „bloße“ Vorbereitung sein kann oder umgekehrt. Auf die Rechtsgutsvorstellung des Rechtsanwenders kommt es aber nicht unmittelbar an, sondern nur mittelbar bei der Auslegung des Gesetzeswillens. Allein das Gesetz bestimmt Rechtsgüter, Vollendung, Versuch und „bloße Vorbereitung“; für den Rechtsanwender ist letztere ausnahmslos straflos.

Umgekehrt sind die kriminalpolitischen „Ausnahme“-Gründe nicht so zwingend, daß sich der Gesetzgeber durch sie stets veranlaßt sähe, Handlungen unter Strafe zu stellen, die man nach irgendwelchen materiellen Kriterien als „Vorbereitungen“ ansehen könnte. So soll der hohe Wert des mittelbar bedrohten Gutes eine solche Ausnahme begründen. Gerade das höchste Gut aber, das menschliche Leben, hat der Gesetzgeber nicht allgemein gegen vorbereitende Gefährdung geschützt: nicht der Besitz von Mordwerkzeug[168] ist im StGB unter Strafe gestellt, wohl aber war es der Besitz von Diebes- und Wildereiwerkzeug[169] und ist noch das Verschaffen von Abtreibungsmitteln und die Anschaffung von Falschmünzereigerät. Auch die Gefährlichkeit der Handlung selbst für das betroffene Rechtsgut ist meist nicht Anlaß, diese Handlung als Vorbereitung gesondert zu erfassen, sondern vielmehr, den Tatbestand schlicht weit genug zu formulieren, der dieses Rechtsgut schützt. Soll schließlich die aktuelle Bedrohung des Rechtsfriedens Ausnahmegrund sein, die von der persönlichen Gefährlichkeit des Vorbereitenden ausgeht, so werden im allgemeinen Gefährdungstatbestände geschaffen, wie etwa die Trunkenheit im Verkehr, die mit eigenen Schutzgütern ausgestattet sind und bei denen deshalb der Gedanke der pönalisierten „Vorbereitung“ gar nicht erst entsteht.

Für den AT ist die Vorbereitung ausnahmslos straflos, und zwar nicht mangels realer Rechtsgutgefährdung, wegen Beweisschwierigkeiten, zu großer Entfernung

---

165 Lb. 15/7–11.

166 So aber Maurach AT 4. Aufl. S. 489.

167 Jescheck AT 2. Aufl. S. 394, Maurach a.a.O.

168 Vgl. aber § 53 BWaffG 1973.

169 Das 1. StrRG hat die §§ 245a, 296 aufgehoben, weil es „rechtsstaatlich nicht unbedenklich“ erschien, diese „vermutete Vorbereitungshandlung und vermutete Beihilfe zu einer Vorbereitungshandlung“ unter Strafe zu stellen, so E 1962 Amt.Begr. Dr. IV/650, S. 400.

vom Unrechtszentrum oder aus ähnlichen materiellen Gründen, sondern schlicht deshalb, weil der formelle Versuchsbegriff nicht erfüllt ist.

Im BT werden zwar Vorbereitungshandlungen materieller Natur unter Strafe gestellt, die sich entweder durch den Gebrauch des Wortes „vorbereiten" oder durch ihre eindeutige Zuordnung zu einem anderen, rechtsgutsnäheren Tatbestand als solche ausweisen. Dies aber nicht, weil „ausnahmsweise" hier das Rechtsgut doch real gefährdet oder extrem wertvoll sei, sondern weil der Gesetzgeber schon in dieser Handlung ein strafwürdiges Unrechtszentrum gesehen und sie deshalb als Vollendung ausgestaltet hat.

Die Mißachtung der Verschiedenartigkeit von AT und BT hat auch in diesem Bereich *praktische Konsequenzen.* Man hat nämlich die Vorbereitungsdelikte nach Maßgabe ihrer Selbständigkeit und je nach der Bestimmtheit der Vorbereitung oder des geplanten Delikts in *zwei Gruppen* eingeteilt. Die Zugehörigkeit zu der einen oder anderen Gruppe soll über die Möglichkeit des Versuchs, des strafbefreienden oder -mildernden Rücktritts, der Teilnahme und über die Konkurrenz entscheiden. Nun gehört aber die systematische Einteilung der Vorbereitungsdelikte ebenso wie die Gruppierung anderer Tatbestände in die allgemeinen Lehren vom BT, während die Konsequenzen, die sich aus dieser Einteilung ergeben sollen, auf dem Gebiet des AT liegen. Die Kausalbeziehung zwischen beiden *kann daher nicht stimmig* sein. Über die Selbständigkeit oder Unselbständigkeit befindet das rechtsgutbestimmte Gefüge innerhalb des BT, in das der betreffende Vorbereitungstatbestand eingebunden ist, während Versuch und Teilnahme als formelle Bezugsbegriffe hiervon unberührt bleiben.

Da diese Einteilung, innerhalb deren die Zuordnung der Tatbestände übrigens strittig und die als Basis daher sehr unsicher ist, wiederum auf kriminalpolitischen Argumenten beruht, kann und darf sie gar nicht leisten, was sie soll. Die Entscheidung darüber, was ein Verbrechen i.S. des § 23 I und damit dem Versuch zugänglich ist, wo der Rücktritt oder die tätige Reue direkt oder analog honoriert werden kann, was eine rechtswidrige Tat i.S. der Teilnahmevorschriften ist und wann ein Tatbestand gegenüber einem anderen als subsidiär zurücktreten will, obliegt allein dem Interpreten des BT, nicht aber einer scheinbar dem AT angehörenden Einteilung der nach kriminalpolitischen Gesichtspunkten ad libitum auswählbaren „Vorbereitungstatbestände".

In der Tat ergibt eine Einzelüberprüfung der den beiden Gruppen zugeschriebenen Tatbestände, daß ihre Gruppenzugehörigkeit in radikaler Abhängigkeit vom BT steht und auf Versuch, Rücktritt, Teilnahme und Konkurrenz ohne Einfluß bleibt.

Bei den *unselbständigen* Vorbereitungen ist der Versuch ohnehin entweder deswegen undenkbar, weil ihre Tatbestandshandlung nicht näher umschrieben ist (§§ 83, 234a III) oder straflos, weil es sich um Vergehen handelt (§§ 98, 99, 316c III). Für den Rücktritt kommt § 24 hier so wenig in Frage wie bei den selbständigen Vorbereitungen. Eben deshalb hat der Gesetzgeber sie aber alle bis auf einen Tatbestand mit speziellen Vorschriften über die tätige Reue ausgestattet, während der BGH für den einzigen Ausnahmefall (§ 234a III) die Analogie zu § 49a III, IV a.F. (jetzt § 31) nach allgemeiner Methode überzeugend begründen konnte. Für die Teilnahme ist ein Unterschied der beiden Gruppen nicht einzusehen.

Als „unselbständige eigentliche Tatbestandsausdehnung" gilt die Vorbereitung einer Verschleppung (§ 234a III). Hier ist der Versuch nicht nur straflos, weil es sich um die „Kategorie der unselbständigen Vorbereitung" handele[170], sondern er ist undenkbar[171], weil die Vorbereitungshandlung nicht deskriptiv bestimmt ist. Jeder „Versuch" der Erfüllung dieses Tatbestandes ist selbst Vorbereitung im faktischen und damit auch zugleich im tatbestandserfüllenden Sinn. Das gleiche gilt nach diesem Kriterium für die vertatbestandlichte Vorbereitung eines hochverräterischen Unternehmens (§ 83; RG 58, 394), obwohl hier im Gegensatz zu § 234a III z.T. ein delictum sui generis angenommen wird[172]. Es ist gar nicht notwendig, hier wieder die „materielle Betrachtung" einzuschalten, um zu begründen, daß trotz „Sonderdelikts" und Verbrechens der Versuch nicht „strafbar" sei, weil er als bloßer Versuch einer Vorbereitung keine reale Gefahr darstelle[173], vielmehr hat der Gesetzgeber die Gefahr so real eingeschätzt, daß er schon „die entfernteste Vorbereitung"[174] als Vollendung konstruiert hat.

Anders im Fall der landesverräterischen Agententätigkeit (§ 98), die ebenfalls der „unselbständigen Tatbestandsausdehnung" zugerechnet wird. Zwar ist auch diese Tätigkeit nur als Vorbereitung, nämlich des Verrats von Staatsgeheimnissen, kriminalpolitisch relevant, so daß für jeden offensichtlich und unbestreitbar der Kernbereich des Unrechts in den vorhergehenden Bestimmungen liegt. Aber hier ist die Art der „Vorbereitung" tatbestandlich näher umschrieben, so daß ein Versuch an sich durchaus gedacht werden kann; strafbar ist er allein wegen der positiven Gesetzeslage (Vergehen) nicht. Eine Sondervorschrift für die Honorierung der tätigen Reue, die sich in diesem Paragraphen findet, ist auch nicht etwa eine Konzession an den „materiellen" Vorbereitungscharakter der angeblich nur „formell" vollendeten Tatbestandshandlung; sie ist vielmehr ganz individuell auf diesen Tatbestand zugeschnitten und findet häufig dort keine Parallele, wo man sie wegen des „vorbereitenden" Charakters sonst an sich erwarten könnte. Aus der Einstufung als Vorbereitungshandlung, namentlich als unselbständige Abwandlung, ergeben sich also keinerlei legitime Konsequenzen. Für den Rechtsanwender und -lehrer handelt es sich schlicht in jeder Beziehung um einen vollendeten Vergehenstatbestand.

Zudem wäre nicht einzusehen, warum die geheimdienstliche Agententätigkeit, § 99, anders behandelt werden sollte. Zumindest insoweit durch die nachrichtendienstliche Tätigkeit *Staatsgeheimnisse* erlangt werden sollen, handelt es sich materiell wiederum um „Vorbereitung". Sollte es nicht gelingen, Herrn Guillaume des Landesverrats zu überführen, so wird man ihn wenigstens aufgrund seines Geständnisses dieser „Vorbereitung" beschuldigen können[175]. Dieser materielle Charakter der Vorschrift, die so die Funktion eines Auffangtatbestandes erfüllen kann, wird durch die Anwendbarkeit der gleichen Vorschrift über tätige Reue (§ 99 III) zwar wiederum nicht erst begründet, aber im gleichen Umfang bestä-

---

170 So aber Jescheck AT S. 395. Dagegen halten Schwarz und Dreher den Versuch gerade deshalb für unmöglich, weil die Vorbereitung hier zum *selbständigen* Delikt ausgestaltet sei (Schwarz 22. Aufl. § 234a, Anm. 7, Dreher 34. A. § 234a, Anm. 7).

171 So auch BGH 6, 85.

172 So Maurach AT S. 490 und Dreher § 83,1 gegen Jescheck AT S. 395.

173 So aber Maurach AT S. 490.

174 RG 58, 394.

175 Vgl. „Der Spiegel" Nr. 24/1974.

tigt wie bei § 98. In diesem Fall wird aber in einmaliger Deutlichkeit demonstriert, daß dieser materielle Charakter in dem Moment jegliche Bedeutung verliert, in dem die gesetzgeberische Entscheidung nun einmal gefallen ist; tätige Reue ist nämlich nicht nur insoweit möglich, als eine „vorbereitende" Variante des § 99 verwirklicht war, sondern auch insoweit das Delikt *auch materiell vollendet* wurde, nämlich bei *einfacher* nachrichtendienstlicher Tätigkeit. Dagegen mag man Bedenken haben[176], aber es kann sich doch immer nur um kriminalpolitische Bedenken handeln, die angesichts des eindeutigen Wortlauts nicht einmal Einfluß auf die Auslegung gewinnen können. Wiederum sind keinerlei Konsequenzen sichtbar, die aus der „Vorbereitungsnatur" abgeleitet werden könnten.

Das interessanteste der zu den angeblichen „unselbständigen" Vorbereitungstatbeständen gezählten Beispiele bildet der neue und überaus komplizierte Tatbestand der Luftpiraterie (§ 316c). Hier wird sowohl das Wort „Vorbereitung" gebraucht als auch die tatbestandliche Handlung konkretisiert, nämlich die Herstellung, Beschaffung etc. von Sprengstoffen oder Schußwaffen (§ 316c III). In Wahrheit bezeichnet der gesetzliche Begriff der „Vorbereitung" hier nur die notwendige Absicht des Täters und bildet so eine Parallele zu dem auch sonst nahezu identischen § 311b[177]. Damit ist an sich klargestellt, daß der Versuch denkbar und nur wegen des Vergehenscharakters nicht strafbar ist. Problematisch wird der Fall aber dadurch, daß die materielle „Haupttat", nämlich § 316c I, selbst so unbestimmte Begriffe zur Bezeichnung der Tathandlung enthält, daß der Beginn der Ausführung, der zugleich die Vollendung dieses Absichtsdeliktes markiert, schwer zu finden ist. Es genügt nämlich, daß der Täter „Machenschaften vornimmt" (so die dritte Variante), alles andere ist auf das subjektive Gebiet der Absicht verwiesen, nämlich, das Flugzeug in die Gewalt zu bekommen. Was aber ist nun, diese Absicht vorausgesetzt, das „Vornehmen einer Machenschaft"? Im Blick auf die hohe Strafdrohung und auch darauf, daß qualifizierte Vorbereitungen selbständig unter – wesentlich geringere – Strafe gestellt sind, wird vernünftige Auslegung die Machenschaften zwar auf *unmittelbare* Nötigungs- oder Herrschaftserlangungsmaßnahmen begrenzen. So ist der Versuch nicht nur denkbar, sondern auch strafbar; in der letzten Variante ist der materielle Versuch sogar in den Vollendungstatbestand aufgenommen (Unternehmen). Es ist aber allein die Interpretation der konkreten Vorschrift, die hier zur Abgrenzung zwischen der vertatbestandlichten Vorbereitung, dem im Unternehmen enthaltenen „materiellen Versuch", dem strafbaren formellen Versuch und der Vollendung führt; die Einordnung des Abs. 3 unter die sog. „Vorbereitungsdelikte" trägt dagegen hierzu nichts bei. Diese Irrelevanz wird noch dadurch unterstrichen, daß § 316c in Abs. 4 wiederum die Honorierung der tätigen Reue vorsieht, und zwar nicht nur im Falle der sog. „Vorbereitung" oder des Unternehmens, sondern in bezug auf alle hier erörterten Varianten, insbesondere auch dann, wenn der Täter bereits Schußwaffen gebraucht hat, d.h., wo die Vollendung durchaus auch „materiell" erscheint. Ausgenommen ist lediglich jene materiell „hochgradige Vollendung", in der ein Mensch den Tod gefunden hat. Aber diese Entscheidung zu treffen, war allein Sache des Gesetzgebers, denn angesichts des weitergehenden Rechtsgutes wäre es an sich möglich, auch jetzt noch eine „goldene Brücke" zum Rücktritt zu bauen.

Alle bisher behandelten Beispiele werden der Gruppe der „unselbständigen Tatbestandsausdehnungen" zugerechnet, die sich dadurch auszeichnen sollen, daß „ihre Eigenart einen besonders frühen Zugriff erfordert, weil sonst mit der Strafe nicht viel auszurichten wäre"[178]. Indessen ist dies eine gesetzgeberische Erwägung, die durchaus nicht immer

---

176 So Schröder § 99 RN 29.

177 Merkwürdigerweise führt Jescheck AT S. 395 zwar § 316c III, nicht aber § 311a a.F. (jetzt § 311b) an.

178 Jescheck AT 2. Aufl. S. 394 f.

durchgreifen muß; im Falle der aufgehobenen §§ 245a, 296 hat der Gesetzgeber ja selbst rechtsstaatliche Bedenken gegen den „frühen Zugriff" gehabt. Aber auch dogmatisch folgt aus der Zugehörigkeit zu dieser Gruppe nichts. In allen genannten Fällen ist der Versuch nicht deswegen straflos, weil es sich um „unselbständige Vorbereitungen" handelt[179], sondern weil der Versuch entweder undenkbar ist (nicht weiter tatbestandlich umschriebene Vorbereitungshandlungen, §§ 83, 234a III), oder weil es sich um Vergehen handelt. Auch ist die Rücktrittsvorschrift des § 24 hier so wenig anwendbar wie bei den „selbständigen Vorbereitungstatbeständen", so daß sich der Gesetzgeber veranlaßt sah, auch bei den „unselbständigen" häufig spezielle Vorschriften über die tätige Reue zu schaffen (§ 83a II, 98 II, 316c IV) und so daß sich der BGH in dem einzigen Fall aus dieser Gruppe, für den eine solche Spezialvorschrift fehlt, veranlaßt sah, § 31 – und nicht etwa § 24 – analog heranzuziehen[180]. Für die Teilnahme schließlich wird von den Anhängern selbst kein Unterschied zwischen den beiden Gruppen gemacht[181].

Bei den *selbständigen* Vorbereitungsdelikten ist der Versuch zwar stets denkbar und z.T. auch strafbar, dies aber nicht wegen der Selbständigkeit, sondern weil bei ihnen die Form der „Vorbereitung" ausnahmslos näher beschrieben ist.

Die *selbständigen* Vorbereitungshandlungen sollen sich dadurch auszeichnen, daß sie eine „typische Ausprägung" und „hohe Gefährlichkeit" aufweisen und daß sie noch keinen faktisch festgelegten Verbrechensplan voraussetzen. Als Beispiele galten das Mordkomplott (§ 49b a.F.), die Anschaffung von Falschmünzereigerät (§ 151 a.F., jetzt § 149) und die Verschaffung von Abtreibungsmitteln (§ 218 IV a.F.); als Beispiele gelten noch die Ausspähung von Staatsgeheimnissen (§ 96 I), die Herbeiführung eines Versicherungsfalles (§ 265) und der Friedensverrat (§ 80). Auch die Vorbereitung von Sabotagehandlungen (§ 87) und der gemeingefährlichen Explosion (§ 311b) gehört hierher.

Aber auch diese Gruppe hat keine allgemeine, dem AT zuzurechnende dogmatische Eigenart. Wenn bei den genannten Delikten der Versuch strafbar ist, so nicht wegen ihrer Zugehörigkeit zur Kategorie der „eigenständigen" Vorbereitungen. Vielmehr ist der Versuch in allen diesen Fällen denkbar, weil die angeblichen „Vorbereitungshandlungen" konkret beschrieben sind. Dabei ist die Beschaffung von Staatsgeheimnissen, um sie zu verraten, und die Zerstörung versicherter Sachen, um die Versicherung zu betrügen, Verbrechen und allein deshalb der Versuch strafbar[182]. Die versuchte Beschaffung von Abtreibungsmitteln[183], Sprengstoffen (in der Absicht der Herbeiführung einer gemeingefährlichen Explosion) oder Falschmünzereigerät ist nur deshalb nicht strafbar, weil es sich um Vergehen handelt.

Wenn schließlich der Versuch des Mordkomplotts (§ 49b a.F.) für unmöglich gehalten wurde[184], weil bereits der Tatbestand die Strafbarkeit über den Versuchsbereich hinaus ausdehne, so kann dieser Ansicht nicht zugestimmt werden. Denn schon nach der alten Fassung („Verabredung") war der Versuch vorstellbar, wie gegenwärtig der Versuch des § 30

---

179 So aber Jescheck a.a.O. S. 395.

180 BGH 6, 85 bzgl. § 234a III.

181 Allerdings hält Coester, Die Vorbereitungshandlung im E 1927, Strafr. Abh. Heft 329, 1933, S. 141 ff. die Beihilfe zu unselbständigen Vorbereitungshandlungen für undenkbar.

182 BGH 6, 385 (387) zu § 96; RG 68, 430 (436) zu § 265.

183 Jetzt § 219b i.d.F. 5. StrRG.

184 RG 58, 392 (394); Baumann AT 5. Aufl. S. 608 f.

II[185]. Die spätere Fassung gehörte unstreitig dem BT des Strafrechts an und schützte nicht das Leben, sondern die Staatsgewalt oder die öffentliche Ordnung[186], so daß sie auch bei materieller Betrachtung keinen Vorbereitungstatbestand enthielt. Es war daher konsequent, die Überleitung in den BT-Tatbestand „Verbrecherische Vereinigungen" vorzusehen, wobei der Versuch eines Teils der Tathandlungen ausdrücklich unter Strafe gestellt werden sollte[187]. Freilich konnte die Auslegung dennoch ergeben, daß das menschliche Leben geschütztes Rechtsgut sei, so daß die uneingeschränkte Subsidiarität gegenüber der versuchten oder gelungenen Tötung folgte. Diese Auffassung schloß aber zu Unrecht aus dem materiellen Vorbereitungs- und Versuchscharakter, den sie nach subjektiver Wertung dem Tatbestand zuschrieb, auf die Undenkbarkeit des formellen Versuchs. Es ist nicht erlaubt, die eigene Wertung an die Stelle der gesetzgeberischen Entscheidung zu setzen, dem Sonderfall der „Tötungsvorbereitung mittels Vereinigung" das eigene Unrechtszentrum abzusprechen und so die Suche nach dem Rechtsgut für überflüssig zu erklären.

Der kursorische Überblick der als „selbständig" anerkannten „Vorbereitungshandlungen" ergibt, daß der Versuch stets denkbar und zum Teil strafbar ist, dies aber nicht wegen der „Selbständigkeit", die diese Tatbestände von anderen Vorbereitungsvertypungen unterscheiden soll, sondern allein, weil die strafbare „Vorbereitung" ausnahmslos näher beschrieben ist.

Die Deduktion von AT-Folgen aus der Zugehörigkeit zu einer BT-Gruppe läßt sich schließlich anhand des § 80 ad absurdum führen, der zwar ein Vorbereitungs-, aber deshalb kein Durchgangsdelikt enthält, weil das (strafbar) vorbereitete Geschehen selbst tatbestandslos ist: das Führen eines Angriffskrieges. Definiert man Vorbereitungshandlungen fälschlich in der allein dem AT gemäßen formellen Weise, so könnte § 80 nicht zu ihnen gehören, obwohl er wörtlich das Vorbereiten zur Tathandlung macht; denn hier gibt es keine „Deliktsausführung" i.S. der formellen Definition. Hier ist die Fehlerhaftigkeit des Arguments für die angebliche Undenkbarkeit des Versuchs offenbar, des Arguments nämlich, daß „versuchter Versuch" unmöglich sei; denn auf die angebliche Rechtsgutsferne kann man sich hier nicht berufen. Prinzipiell ebenso liegt es aber auch bei den anderen Vorbereitungsdelikten.

Damit erweist sich die Unzulässigkeit, die Gruppe der „Vorbereitungsdelikte" gleichsam als eine Kategorie von AT-Qualität darzustellen. Zuvor waren nur „Durchgangstatbestände" aufgetaucht, deren Erfüllung dem Zweck dient, einen weiteren, „enderfolgsnäheren" Tatbestand zu vollenden. Da die Gruppe aber ausschließlich auf materieller, dem Gesetz vorgelagerter Wertbetrachtung beruht, ist nicht auszuschließen, daß der Gesetzgeber auch einmal nur Vorbereitungshandlungen, nicht aber jenes Geschehen pönalisiert, das da vorbereitet werden soll. Eben dies ist mit dem zweitschwersten Delikt, das unser Strafrecht kennt, geschehen: Nach innerstaatlichem Recht ist es nicht strafbar, einen Krieg zu führen, wohl aber bedroht § 80 den mit lebenslanger Freiheitsstrafe, der einen Angriffskrieg „vorbereitet". Es fällt auf, daß im Schrifttum gerade dieser Tatbestand, der sich schon nach seinem

---

185 Hier bedeutet der Verabredungsversuch nur häufig eine Vollendung des § 30 I oder des Sichbereiterklärens.

186 Vgl. Maurach BT 5.A. S. 669; anders Jescheck AT 2.A. S. 537 und Baumann AT 5.A. S. 608: Tötungsverbrechen.

187 § 294 IV 2 des E 1962.

Wortlaut als „Vorbereitungsdelikt“ qualifiziert, meist nicht als solches genannt wird; denn mangels Strafbarkeit der „materiellen Vollendung“ entzieht er sich der üblichen Parallele zum Versuch. Freilich ist hier wiederum Versuch nicht denkbar, da sich die Tathandlungsbeschreibung mit dem Wort „vorbereiten“ begnügt. Wenn § 80 wegen dieser angeblich allen „Vorbereitungsdelikten“ eigenen Konsequenz gelegentlich dennoch herangezogen wird[188], so kann gerade er am wenigsten beweisen, daß der Versuch bei diesen Delikten allgemein unmöglich sei, weil „konstruktiv dann der Versuch eines versuchten Versuchs unter Strafe gestellt“[189] wäre. Denn aus der angeblichen Rechtsgutsferne läßt sich im AT gerade nichts ableiten, wie denn auch der Versuch eines Gefährdungsdelikts allgemein akzeptiert wird, obwohl nach materieller Betrachtung – *die letztlich doch wieder nur ein gedankliches Konstrukt ist, wenn man von einzelnen Tatbeständen absieht* – auch hier „eine doppelte Vorverlegung der Strafbarkeit“ stattfindet[190]. Definiert man Vorbereitungshandlungen AT-gemäß als „Handlungen, die noch keinen Anfang der Deliktsausführung enthalten“[191], so kann offensichtlich ein „Vorbereitungstatbestand“ wie § 80 nicht unter den Begriff fallen, da es keine Deliktsausführung gibt, die noch folgen könnte. Genau so verhält es sich aber bei der allein AT-konformen formellen Betrachtung auch bei allen übrigen „Vorbereitungsdelikten“, denen der materielle Betrachter nach Geschmack andere Tatbestände als „folgende Deliktsausführung“ zuordnen kann oder auch nicht. Eine Grenze gibt es da kaum. Warum etwa sollte man die Urkunden- oder Geldfälschung nicht als Vorbereitungsdelikt zur Verwendung der Falsifikate als der zweiten Variante dieser Delikte auffassen, da doch erst das Inverkehrbringen den Schaden herbeiführt? Damit hätten wir bereits einen *drei*teiligen iter criminis, weil schon die Beschaffung der Fälschungsgeräte einen eigenen Straftatbestand bildet. Der Gesetzgeber hat also in diesem Fall die „doppelte Vorverlagerung“ nicht als zu weitgehende Entfernung vom Unrechtskern betrachtet. Aber damit nicht genug. Auch wenn das Falsifikat dem Opfer in Täuschungsabsicht zur Kenntnis gebracht ist, ist ja „noch nichts passiert“. Damit wäre bereits die 3. Stufe bloße „Vorbereitungshandlung“, hier allerdings Versuch, einer vierten, dem Betrug. Auch damit hat es aber nicht sein Bewenden, weil der Betrug schon vollendet sein kann, ohne daß der Täter seinen unrechtmäßigen Vorteil in der Hand hält. Eine solche fünfstufige Folge von „Vorbereitungshandlungen“ wird niemand mehr vertreten wollen. Jedenfalls unter der gegebenen Definition gibt es also keine Ausnahme von der Straflosigkeit.

Auch Schmidhäuser[192] lehnt die Einteilung der Vorbereitungsdelikte nach materialen Gesichtspunkten ab. Für die Frage der Versuchsstrafbarkeit will aber auch er die „materiell-

---

188 Baumann AT 6. A. S. 510.

189 Baumann a.a.O. Sachlich ebenso Stratenwerth Lb. RN 678. Die Beschränkung des Versuchsausschlusses als nur „grundsätzlich“ geltend macht allerdings die Regel wertlos, solange die allgemeine ratio möglicher Ausnahmen nicht verraten wird. Soweit man den *„Grundsatz“* damit einschränkt, daß es sich um „das deliktische Vorfeld eines Tatbestandes“ handeln müsse (Schönke-Schröder RN 18 vor § 43 mit RG 58, 394), soll der Gedanke maßgeblich sein, daß die Strafbarkeit ohnehin über § 22 hinaus vorverlegt sei – gerade darüber hat der Gesetzgeber aber anders geurteilt. Eine *„Ausnahme“*, also Versuchsstrafbarkeit, soll dann gegeben sein, wenn der Tatbestand „nur materiell“ Vorstufe eines anderen Deliktes sei (a.a.O.). Materiell ist aber ohnehin die gesamte Betrachtung, die den Vollendungstatbestand überhaupt erst zur „Vorbereitung“ gestempelt hat.

190 So selbst Baumann AT 6.A. S. 511.

191 Baumann AT 6.A. S. 525.

192 Schmidhäuser AT 15/10–11 (S. 472).

außerstrafrechtliche Betrachtung mit heranziehen". Danach soll, z.B. im Fall des § 83, ein „Versuchsdelikt" dann „nicht möglich" sein, wenn der tatbestandsmäßige Geschehensabschnitt „so weit vorne im materiellen Vorbereitungsstadium liegt, daß weiter vorne ernstlich nichts mehr an Willensverwirklichung gefunden werden kann". Es ist aber nicht ersichtlich, woher der Rechtsanwender Legitimation und Maßstab für eine solche Betrachtungsweise nehmen soll. „Ernstlich an Willensverwirklichung" findet sich etwas bei fertigem Plan schon in der ersten Durchführungshandlung; und wie „weit vorne" diese liegt, bestimmt sich allein nach der Tatbestandsfassung. Übrigens hat sich ein praktisches Bedürfnis nach dieser Betrachtungsweise bisher nicht eingestellt, da das einzig angeführte Beispiel des § 83 schon sprachlich keinen Versuch zuläßt.

Die Gruppierung ist schließlich nicht geeignet, eine generelle Analogie zu den bei ihnen nur teilweise vorhandenen *Rücktrittsvorschriften* zu rechtfertigen.

Die Zusammenfassung einiger BT-Tatbestände unter die Kategorie der „Vorbereitungshandlungen" und ihre Einteilung bedeuten keine Hilfe bei der Frage des Rücktritts. Daß § 24 keine Anwendung finden kann, ergibt sich automatisch aus dem Tatbestandscharakter, d.h. der formellen Vollendung[193]. Wenn der Gesetzgeber nun für eine Reihe der genannten BT-Tatbestände und für §§ 30, 31 eine spezielle Möglichkeit der Strafmilderung und den Strafausschluß bei tätiger Reue vorsieht, so berücksichtigt er zwar den materiellen Vorbereitungscharakter, zieht damit aber keinerlei formelle Konsequenzen. Denn ihm bleibt unbenommen, auch dort goldene Brücken zu bauen, wo trotz eingetretenen Schadens weiteres Unheil verhindert werden kann und die tätige Reue hinsichtlich weitergehender Ziele, die anderswo tatbestandsmäßig erfaßt sind, auch dann zu honorieren, wenn auch nach materiellem Verständnis ein Erfolgsunwert eingetreten, ein Tatbestand also unzweifelhaft vollendet ist. Das gilt insbesondere für die gemeingefährlichen Delikte[194], aber auch sonst ist der „Rücktritt trotz Vollendung"[195] denkbar, etwa bei allen Absichtsdelikten, bei denen sich die Verwirklichung der Absicht noch verhindern läßt. Warum z.B. sollte der Dieb nicht begünstigt werden, der die weggenommene Sache vor Zueignung freiwillig zurückgibt?

Wenn nun der Gesetzgeber bei einzelnen „Vorbereitungs-" und „Versuchs-", Gefährdungs- und Absichtsdelikten keine solche Möglichkeit vorsieht – sei es, weil er der materiellen Vollendung großes Gewicht beimißt, sei es, weil er bei diesen Tatbeständen keinen Sinn in einer „goldenen Brücke" sieht – so kann der Rechtsanwender prinzipiell nicht unter dem Gesichtspunkt der von ihm geschaffenen Kategorie der „Vorbereitungsdelikte" eine Lücke konstatieren, die es allein wegen der Zugehörigkeit zu dieser Kategorie im Wege der Analogie zu schließen gelte. Selbstverständlich schließt das nicht aus, daß im Einzelfall die allgemeinen Analogieregeln dazu führen, daß die für eine Bestimmung konzipierte Vorschrift über tätige Reue bei Vollendung eines anderen Tatbestandes Anwendung finden muß, wie es der BGH hinsichtlich der Verschleppungsvorbereitung einwandfrei begründet hat[196]. Meist wird es sich bei solchen rechtsähnlichen Fällen auch um Tatbestände handeln, die der Gruppe der „Vorbereitungsdelikte" zugerechnet werden, denn gerade darin liegt ja die Rechtsähnlichkeit, daß die vollendende Handlung von einem weiteren Unrechtskern noch entfernt ist. Das bedeutet aber nicht, daß aus der Zugehörigkeit zu dieser Gruppe auf die Notwendigkeit der

---

193 BGH 15, 198 (199).

194 § 341 E 1962 sieht eine gemeinsame Vorschrift über die tätige Reue bei gemeingefährlichen Delikten vor.

195 Vgl. Koch, Der Rücktritt vom formell vollendeten Delikt, Strafr.Abh. Heft 398, 1939.

196 BGH 6, 85 (87).

Analogie geschlossen werden könnte, wie es meist geschieht[197]. Denn sonst bildete die Kategorie der „Vorbereitungsdelikte" contra legem einen Unterfall der allgemeinen analogiefähigen Rechtsähnlichkeit, ein Gesichtspunkt, der bei Konstituierung der Gruppe gar nicht primär maßgeblich war. Demgegenüber hat der Gesetzgeber bisher gerade nicht den Weg einer allgemeinen Vorschrift über tätige Reue bei Vollendungstatbeständen gewählt, den man sicher vertreten könnte[198]. Vielmehr hat er solche Vorschriften bewußt dosiert und auf spezifische Tatbestände individuell zugeschnitten. Solche Vorschriften finden sich einerseits nicht bei allen, andererseits nicht nur bei den sog. „Vorbereitungsdelikten". Ihr Fehlen etwa beim „Versicherungsbetrug" und bei der Beschaffung von Falschmünzgerät zeigt, daß das Gesetz diesen Taten relativ stärkeres Eigengewicht zumißt[199]. Soweit die Lücke aber unbewußt ist, muß ihre Ausfüllung mit den allgemeinen Analogieregeln erfolgen, d.h. die Rechtsähnlichkeit mit dem Fall einer bestimmten, nicht etwa der im AT stehenden, Rücktrittsvorschrift dargetan werden[100]. So waren auf den „Rücktritt" vom bisherigen § 218 IV die Vorschriften des § 49a III, IV a.F. (jetzt § 31) nicht deswegen anzuwenden, weil „es sich um einen Fall versuchter Beihilfe handelt"[201], sondern weil die Verschaffung der Abtreibungsmittel im Hinblick auf die Abtreibung den Fällen der gemeinschaftlichen Verbrechensvorbereitung nach § 49a a.F. (jetzt § 30) rechtsähnlich war.

Endlich präjudiziert die Zugehörigkeit zur Gruppe der Vorbereitungshandlungen auch nicht die Frage ihrer *Konkurrenz* zum anschließend verwirklichten vorbereiteten Delikt. Dieses Verhältnis zum „unrechtsnäheren" Tatbestand ist mit dem Verhältnis des Versuchs zur Vollendung nicht vergleichbar, weil ersteres auf der materiellen Rechtsgutsbetrachtung, letzteres auf der formalen AT-Konstruktion beruht. So kommt es, daß die „gelungene" Vorbereitung zwar oft wegen Subsidiarität straflos bleibt (Hochverrat sowie § 149 I gegenüber den Münz-, Explosions- und Strahlungsverbrechen), aber auch umgekehrt ein andermal das materielle „Vollendungsdelikt" mit abgilt (§ 265 gegenüber § 263) oder zu ihm in Idealkonkurrenz tritt (so früher der Besitz von Diebes- und Wildereiwerkzeug gegenüber Diebstahl und Wilderei).

Gerade auf dem Gebiet der Konkurrenz liegt aber die praktisch wichtigste Bedeutung, die den Vorbereitungsdelikten als Kategorie zugemessen wird. Verwirklicht oder versucht der Täter nämlich in strafbarer Weise anschließend auch jenen Tatbestand, der nach materieller Betrachtung die Durchführung dessen erfaßt, was durch Erfüllung des „Vorbereitungstatbestandes" nur erst vorbereitet wurde, so liegt es nahe, anzunehmen, daß der dem Unrechtszentrum nähere Tatbestand das Vorbereitungsdelikt ebenso konsumiere, wie allgemein die Vollendung den Versuch. Häufig spricht man auch von Subsidiarität des Vorbereitungstat-

---

197 Vgl. nur Jescheck AT S. 395, 413.

198 So z.B. Tschulik ÖJZ 1974, 653 (656 f.) für alle „Versuchs-" und Absichtsdelikte; § 341 E 1962 für die gemeingefährlichen Delikte.

199 A.A. z.B. Schönke-Schröder § 151 RN 12 mit der Begründung, daß es sich um Vorbereitung zu § 146 a.F. handelt; tragfähig wäre aber allein die Begründung, daß der Fall mit dem in § 31 geregelten rechtsähnlich sei. Korrekte Begründung dagegen bei § 310 RN 9 zu analogen Anwendung des § 310 auf § 265.

200 Selbstverständlich gestatten die allgemeinen Analogieregeln den Rückgriff auch auf AT-Prinzipien, hier aber nur, wenn die Ratio des § 24 oder des § 31 gerade auch jene Rücktrittsnorm des BT spezifisch trägt, die analog angewandt werden soll.

201 So aber Schönke-Schröder § 218 RN 57.

bestandes oder nimmt einen persönlichen Strafausschließungsgrund an, so daß die Vorbereitung als „mitbestrafte Vortat" erscheint.

Diese Überlegung darf aber nicht zu der Behauptung führen, Vorbereitungshandlungen seien als solche straflos, sobald die Strafbarkeit wegen des vorbereiteten „eigentlichen" Delikts begründet sei[202]. Denn damit würden Methoden des AT unzulässigerweise auf BT-Probleme angewendet. Das Verhältnis des Vorbereitungstatbestandes zum „unrechtsnäheren" ist mit dem Verhältnis des Versuchs zur Vollendung nicht vergleichbar, weil beide auf verschiedenen Ebenen liegen: Ersteres auf der materiellen Rechtsgutsbetrachtung, letzteres auf der formalen, tatbestandsbezogenen AT-Konstruktion. Der „Versuch" hinsichtlich eines Tatbestandes, der durch die gleiche Handlung vollendet wird, ist nicht strafbar, weil schon der Tatbestand des Versuches fehlt[203]. Das ergab sich ausdrücklich aus der Versuchsdefinition des § 43 a.F. („nicht zur Vollendung gekommen") und ist bei der jetzigen Regelung (§ 22) nur als Selbstverständlichkeit nicht mehr erwähnt[204]. Im Falle der Tatmehrheit ist der Versuch zunächst einmal tatbestandsmäßig gegeben, so daß die AT-Prüfung die Sache mit positivem Urteil in den BT entläßt. Richtete sich der Versuch auf die Verwirklichung des gleichen später erfüllten Tatbestandes, so ergibt sich seine Straflosigkeit erst aus dem nur subsidiären Geltungswillen des Versuchstatbestandes. Die Sache kehrt also auf dem Gebiet der Konkurrenzlehre in den AT zurück, nachdem die BT-Prüfung ergeben hat, daß nach üblicher Auslegung die Versuchsstrafdrohung zurücktreten will.

Prinzipiell ebenso ist es zu beurteilen, wenn Versuch und Vollendung *unterschiedliche BT-Tatbestände* betreffen. Hier ist das Vorliegen beider Tatbestände nur offensichtlicher, und die Auslegung im Rahmen des BT ergibt durchaus nicht immer, daß das Versuchsdelikt zurückstehen will. So wird die Subsidiarität ausgeschlossen, wenn das Versuchsdelikt gegenüber dem vollendeten qualifiziert ist, wenn es zugleich einen anderen Tatbestand vollendet oder wenn es ein andersartiges Unrecht verkörpert.

Angesichts dieser, je nach BT-Auslegung ganz verschiedenartigen Konsequenzen ist es verfehlt, die „Vorbereitungsdelikte" und auch die Gefährdungsdelikte mit dem Versuch in eine Gruppe der „Durchgangsdelikte" zusammenzufassen, um etwa aus der Zugehörigkeit zu dieser Gruppe auf die Straflosigkeit des „Durchgangsstadiums" zu schließen. Wenn man eine Kategorie der „Durchgangsdelikte" bildet, so muß man sich darüber im klaren sein, daß es sich nur um eine Systematisierung im Bereich des BT handeln kann und daß es zufällig ist, wenn dabei einzelne Folgeerscheinungen den Gesetzmäßigkeiten des Versuchs gleichen. So ist die Vorbereitung eines hochverräterischen Unternehmens gewiß nicht gesondert strafbar, wenn der Hochverrat gelingt, ebenso ist § 149 I gegenüber den Münzdelikten, § 311 b gegenüber den Explosions- und Strahlungsverbrechen subsidiär. Dies aber nicht, weil es sich um ein Vorbereitungsdelikt handelt, das wegen dieses Charakters sich zur oftmals sogenannten „Haupttat" so verhielte wie der Versuch zur Vollendung, sondern weil die Einzelauslegung ergibt, daß die Bestimmung zurücktreten will. Andernfalls könnte man wegen angeblich gebotener „materieller Betrachtungsweise" den versuchten Betrug straflos lassen, wenn der Täter sein Ziel anschließend durch Gewalt erreicht. Dagegen lag § 218 IV a.F. schon tatbestandsmäßig nicht vor, wenn die Abtreibung gelang; denn die Auslegung ergab den Mißerfolg als negatives Tatbestandsmerkmal. Wieder anders im sogenannten „Vorbereitungstatbestand" des § 265: sicher tritt er hinter dem dann gelungenen Betrug nicht zurück, viel-

202 So z.B. Stratenwerth Lb. RN 678 ohne Hinweis auf den Standort des Problems in der Konkurrenzlehre allein aufgrund der ratio, daß man dem Dieb nicht zum Vorwurf machen könne, er habe seine Tat auch noch vorbereitet!

203 Dagegen Maurach 491: Konsumtion.

204 Vgl. Amtl. Begr. zu § 22 StGB i.d.F. 2. StrRG.

mehr soll nach verbreiteter Auffassung die nach § 265 verhängte Strafe sogar die anschließende „Haupttat" mit abgelten, zumindest aber soll Idealkonkurrenz eintreten. Ebenso traten die früheren Tatbestände des Besitzes von Diebes- und Wildereiwerkzeug nicht hinter dem anschließenden Diebstahl/Wilderei zurück[205].

Treten also im Einzelfall vollendete Vorbereitungsdelikte hinter anderen, unrechtsnäheren Tatbeständen zurück, so tun sie es nicht wegen angeblicher Verwandtschaft mit dem Versuch; sie haben die Subsidiarität vielmehr mit zahlreichen, materiell ganz anders betrachteten Tatbeständen gemeinsam. Wenn diese Gemeinsamkeit mit Gefährdungs-, Absichtsdelikten und allen Tatbeständen, in denen Vollendung und Beendigung auseinanderfallen können, besonders groß ist und solche Delikte unter dem Gesichtspunkt der Gesetzeskonkurrenz als „Durchgangsdelikte" zusammengefaßt werden, so liegt auch diese Systematisierung auf dem Gebiet des Besonderen Teils.

Die Kategorie der „Vorbereitungsdelikte" besitzt also kein in irgendeiner Hinsicht entscheidungserhebliches Eigengepräge. Vielmehr gilt der Satz, daß Vorbereitungshandlungen straflos seien, ausnahmslos.

Daß die Gegenansicht aufkommen und herrschend werden konnte, verdankt sie einer Konfusion des Allgemeinen mit dem Besonderen Teil. Denn die Gruppierung gewisser Tatbestände nach materialen Gesichtspunkten gehört in die Lehre vom Besonderen Teil, wenn auch in dessen „Allgemeine" Lehren im Sinne von Erik Wolf. Dort hat auch die Gruppe der Vorbereitungsdelikte ihre Berechtigung. Sie weist den Interpreten auf ähnliche Konstruktionen hin und legt ihm die Prüfung der Analogiefrage nahe. Die Feststellung des Rechtsguts und insbesondere des Gewichts eines Unrechtszentrums in einem gleichgerichteten anderen Tatbestand ist wiederum Sache „Besonderer" Lehren des BT. Zu falschen Deduktionen verführt eine solche Doktrin erst, wenn sie im AT angesiedelt wird und hier als logischer Bestandteil des „iter criminis" erscheint, wo in Wahrheit mit den Versuchsbestimmungen des AT nicht einmal eine Verwandtschaft besteht.

cc) Unternehmen

Das „Unternehmen" hat eine *historische Irrfahrt* zwischen AT und BT hinter sich. Zur Zeit hat seine Legaldefinition als „Summe von Versuch und Vollendung" ihren Platz im AT gefunden, und zwar unter den allgemeinen Begriffsbestimmungen[206], nachdem sie vorübergehend im Abschnitt über den formellen Versuch angesiedelt war[207].

Seit alter Zeit führt das „Unternehmen" seine Existenz zwischen den Linien von AT und BT. Die CCC nannte den Versuch im technischen Sinne des AT „Sich Unterstehen"[208]. Das ALR unterschied im gleichen Sinne das „unternommene" vom „ausgeführten" oder „vollbrachten" Verbrechen[209]. Es sah sich dadurch aber nicht gehindert, im Besonderen Teil den

---

205 RG 69, 92.

206 § 11 I 6 StGB = § 11 I 2 StGB i.d.F. des 2. StrRG.

207 § 46a StGB i.d.F. des 8. StÄG 1968.

208 Art. 178 CCC.

209 Randnote zu §§ 39–44 ALR II 20.

Hoch- und Landesverrat als „Unternehmen“ legalzudefinieren[210] und auch die Befreiung gefangener Hoch- oder Landesverräter bereits als „unternommene“ unter Vollendungsstrafe zu stellen[211]. Öfter findet sich hier auch als Tathandlungsbeschreibung das Prädikat „Sich unterfangen“, so bei dem Verbot, nachts ohne Schellengeläute mit Pferdeschlitten zu fahren, ohne Polizeierlaubnis Hurenwirtschaften zu eröffnen oder ohne behördliche Kenntnis Privatgefängnisse anzulegen[212]. Gerade das letztgenannte wollte offensichtlich als „Durchgangsdelikt“ aufgefaßt werden. Denn die Bestimmung betont, daß „bloß dadurch“ schon Strafe verwirkt sei, während mit sehr viel schwererer Strafe bedroht wurde, wer dann auch wirklich darin einen Gefangenen hielt.

Das RStGB entfernte das „Unternehmen“ aus dem AT, behielt es aber im BT insbesondere beim Hochverrat bei, weil dieses Delikt nach seiner Vollendung nicht mehr bestraft werden kann. So erklärt es sich, daß das Gesetz die Begriffsbestimmung des „Unternehmens“ als Handlung, „durch welche das Vorhaben unmittelbar zur Ausführung gebracht werden soll“, im engen Rahmen des Hochverratsabschnittes unterbrachte (§ 82), obwohl diese Definition für das gesamte StGB Geltung beansprucht, da auch in anderen Abschnitten des BT das Unternehmen Tathandlung wurde, nicht nur bei politisch relevanten Taten – Nötigung von Parlament, Behörden, Aufsichtsbeamten (§§ 105, 114, 122) –, sondern auch in rein konstruktiver Verwendung bei der mißlungenen Anstiftung zum Meineid (§ 159) und erfolglosen Verleitung Untergebener durch den Amtsvorgesetzten (§ 357). Gerade in den letztgenannten Fällen, von denen § 357 noch immer besteht, entspricht die Verwendung der Begriffsbestimmung aber nicht, da hier nur der Versuch gemeint ist. Auch sonst ist die Verwendung meist nur historisch oder als Zufall zu erklären.

Erst im Jahre 1934 brachte der Gesetzgeber die Begriffsbestimmung mit der Versuchsdefinition des AT in systematisch befriedigende Übereinstimmung, indem er das Unternehmen als Oberbegriff von Versuch und Vollendung definierte. Zugleich beanspruchte die Bestimmung nun Geltung für das ganze StGB, obwohl sie in ihrer neuen Form auf die unpolitischen Fälle (§§ 159 a.F., 357) nicht mehr paßte, weil dort nur die erfolglose Anstiftung in Frage kam, so daß sie trotz ihres beibehaltenen Standortes sachlich in den AT überwechselte. Diesem Wechsel wurde im Jahre 1968 formell Rechnung getragen, als die Definition ihren neuen Platz im Rahmen der Versuchsregelung erhielt. Ohne den Willen zu sachlicher Änderung hat das neue StGB die Bestimmung wieder vom Versuchsrahmen gelöst und unter den sonstigen Begriffsbestimmungen, äußerlich im Gesetzes-AT, untergebracht.

Dieser neue Standort ist richtig, da die Definition systematisch in den „AT“ des *B*T gehört und mit dem Versuch i.S. des AT nichts zu tun hat. § 22 meint den Versuch nämlich im formellen, § 11 I 6 im materiellen Sinn.

Im Rahmen des § 11 I 6 ist der „Versuch“ *materiell* zu verstehen. Denn die Legaldefinition meint gar nicht den Versuch der §§ 22 ff., sondern die „Versuche“ konkreter Tatbestände des BT, also das „Ansetzen“ zu der dort beschriebenen Handlung[213], nicht aber, wie im AT, irgendein Manko im objektiven Tatbestand mit der Folge der generellen Strafmilderungs- und Rücktrittsmöglich-

---

210 §§ 92, 100, 106 ALR.

211 §§ 163, 164 ALR.

212 §§ 761, 1001, 1080 ALR.

213 Ebenso Burkhardt JZ 1971, 352, der den „Tatbestandsverwirklichungsversuch“ des § 22 dem „Handlungsversuch“ des § 11 I 6 gegenüberstellt.

keit[214]. Dieser „Versuch" im materiellen Sinne ist in Wahrheit Vollendung[215]. Wenn der Versuch des Unternehmens straflos ist, selbst wenn dieses ein Verbrechen darstellt[216], so nicht, weil § 11 I 6 die Strafbarkeit ausschlösse, sondern weil der Versuch i.S. des § 22 nicht denkbar ist[217]. Denn das „Ansetzen" zu einer bestimmten Handlung ist Merkmal des Versuchs sowohl im formellen (§ 22) als auch im materiellen (Unternehmensdelikte) Sinne. Das „Ansetzen" zum „Ansetzen" zur Nötigung des Anstaltsbeamten zum Beispiel ist gleich dem einfachen Ansetzen zu dieser Nötigung. Allein diese teilweise Deckung des materiellen mit dem formellen Versuchsbegriff ist maßgeblich für den Ausschluß des Versuchs des Unternehmens, nicht etwa besteht der Grund darin, daß der (formelle) Versuch bereits im Unternehmen enthalten sei. Diese Erkenntnis ist von großer Tragweite.

Einmal ist nur so verstehbar, daß die sonst versuchstypische Strafmilderungs- und Rücktrittsmöglichkeit hier nicht besteht, gerade *weil* definitionsgemäß ein „Versuch" vorliegt. Diese Merkwürdigkeit löst sich nur, wenn man gegen die h.M. anerkennt, daß das Unternehmen *auch den § 22 nicht umfaßt,* da sich der materielle Versuch, ähnlich dem Versuch i.S. der Lehre vom Mangel am Tatbestand, auf das Fehlen des „Schlußstücks" beschränkt und das untaugliche oder vom „umgekehrten Irrtum" getragene Verhalten ausschließt[218].

Die Bedeutung des Unternehmens liegt gerade darin, daß es den Versuch *ausschließt.* Denn wenn der BT im Einzelfall den „Versuch" zu Vollendung zählt, so hat das zur Folge, daß jedenfalls hinsichtlich *dieses* „Versuchs" die Versuchsregelung des AT ausgeschaltet ist. Ein Widerspruch zum Wortlaut der Legaldefinition des Unternehmens, der zunächst ins Auge springen will, erweist sich alsbald als bloß verbal: denn „Versuch" i.S. des § 11 I 6 ist materiell, i.S. § 22 aber formell zu verstehen. Erkennt man § 11 I 6 als Bestimmung des „allgemeinen Teils des BT", so ergibt sich von selbst, was bei der üblichen Darstellung als Widerspruch erscheint: daß die Definition als „Versuch" ausgerechnet dazu führt – und

---

214 Dagegen faßt Schröder, Die Unternehmensdelikte, in Kern-Festschrift 1968, S. 457 ff. (459, 461) den § 11 I 6 so auf, daß er allen Unternehmenstatbeständen die Versuchsstrafbarkeit i.S. § 23 I zusammenfassend anfüge, also auch den untauglichen Versuch umfasse. Unternehmen sind aber traditionell ohnehin Verbrechen, so daß eine solche Bestimmung insoweit unverständlich wäre. Zudem hätte sich als Standort dann § 23 I angeboten: „Versuch strafbar bei Verbrechen und Unternehmen".

215 Schönke-Schröder § 46a RN 5, 6 spricht von „formeller" Vollendung, während das Fehlen der „materiellen" innerhalb des Strafrahmens mildernd berücksichtigt werden könne.

216 §§ 81, 82, 316a, möglicherweise § 357.

217 Vgl. Maurach AT § 41 I C 2a („nicht strafbar"), BT § 60 I a.E. („begrifflich ausgeschlossen"). Dagegen sollte nach Maurach BT § 66 II A 1 a.E. der „Versuch des Unternehmens" bei dem alten § 114 begrifflich denkbar, nur positiv-rechtlich straflos sein.

218 Anders Schröder in Kern-Festschr. 1968, S. 462: § 46 a.F. sei nicht deshalb ausgeschlossen, weil kein „wirklicher" Versuch vorliege, sondern weil einige Unternehmenstatbestände Rücktritts-Sonderregelungen enthalten.

dazu führen soll –, die Versuchsfolgen (Strafmilderungs- und Rücktrittsmöglichkeit) auszuschließen. Als isolierter, auf die §§ 23 II, 24 beschränkter Satz ist diese Aussage in der Tat unverständlich. Richtig ist vielmehr, daß auch § 22 und damit der gesamte AT-Versuch ausscheidet, weil kein Versuch i.S. des AT vorliegt, wenn „Versuch" i.S. § 11 I 6 gegeben ist.

Allerdings, und das ist ja der Sinn der Legaldefinition, richtet sich der „Versuchs"inhalt des Unternehmens nach der Begriffsbestimmung des § 22 als Vorsatz plus Beginn der Ausführung, nun aber nicht des Tatbestandes sondern derjenigen Handlung, deren Unternehmen unter Strafe steht. Mit dieser begrifflichen Verknüpfung – oder besser: begrifflichen Anleihe – hat es aber sein Bewenden. So läßt sich die Dogmatik zum untauglichen Versuch nicht auf das Unternehmen übertragen. Nicht nur der Versuch am untauglichen Objekt scheidet aus dem Unternehmensbegriff aus, wie es für die „unechten Unternehmensdelikte" in der Tat vertreten wird[219], sondern der untaugliche, auf „umgekehrtem Irrtum" beruhende Versuch ist überhaupt nicht „Versuch" i.S. des BT und damit des § 11 I 6.

Prinzipiell unrichtig ist daher die übliche Vorstellung, ein Versuch könne „ausnahmsweise" nicht milder bestraft und von ihm könne „ausnahmsweise" nicht zurückgetreten werden, wenn er sich auf ein Unternehmensdelikt beziehe. Vielmehr liegt gar kein Versuch, sondern Vollendung vor, wenn eine Handlung den Unternehmensbegriff erfüllt.

Nur so läßt sich auch die – von Horst Schröder gegen seinen Ausgangspunkt – geforderte *Gleichstellung der unechten* Unternehmensdelikte begründen, die ja gewiß nur das handlungsmäßige „Ansetzen", nicht auch die anderen Versuchsformen umfassen. Allerdings ist die quasi automatische analoge Erstreckung der vorhandenen Vorschriften über tätige Reue auf alle – echten und unechten – Unternehmungsdelikte abzulehnen; denn die Entfernung vom Unrechtszentrum hängt von der Tatbestandsfassung ab, so daß die gesetzgeberische Differenzierung sinnvoll erscheint.

Gerade diese Konstruktion ermöglicht es ja, auch solche Tatbestände den Unternehmensdelikten gleichzubehandeln, die das Wort „Unternehmen" gar nicht verwenden und daher den § 11 I 6 auch nicht auf den Plan rufen. Wie bei den Vorbereitungsdelikten ist allerdings nicht einzusehen, warum die bei einzelnen Unternehmensdelikten vorhandenen Vorschriften über *tätige Reue* auf alle – echten und unechten – Unternehmensdelikte eo ipso sollten *analog* angewandt werden dürfen, ohne die allgemeinen Analogieregeln zu beachten[220]. Der Gesichtspunkt, daß die Strafbarkeit hier so weit vorgezogen sei wie im Fall des formellen Versuchs, trifft jedenfalls nicht zu. Denn wie weit der Beginn des Unternehmens und damit die formelle Vollendung vom Unrechtszentrum entfernt ist, hängt ja allein von der Formulierung des einzelnen Tatbestandes ab. Es kann durchaus sein, daß ein Tatbestand, der den Begriff des Unternehmens (oder der Vorbereitung) nicht verwendet, die genannten Beden-

---

219 Schönke-Schröder § 46a RN 9 und Jescheck Lb. 2.A. S. 397.

220 So aber Jescheck Lb. 2.A. S. 397, 413 mit Schönke-Schröder § 46a RN 6, 10 und Schröder Kern-Festschr. S. 463 (unbeabsichtigte Lücke) gegen BGH 15, 198. Wie hier auch Bockelmann Lb. S. 202. Unstreitig liegt im Ausschluß des § 24 gerade der Sinn der Konstruktion. Seine analoge Anwendung würde die gesetzgeberische Entscheidung für „technisch vollendete Versuchstatbestände" unterlaufen (Burkhardt JZ 1971, 352 ff.). Das gleiche gilt dann aber auch für die unbesehene Analogie zu Rücktrittsvorschriften des BT. Denn „technisch vollendete Versuchstatbestände" werden gerade geschaffen, um den Rücktritt individuell regeln zu können – oder auch gar nicht!

ken also nicht erst hervorruft, bereits durch eine Handlung erfüllt wird, die vom subjektiv empfundenen Unrechtszentrum viel weiter entfernt ist als bei gewissen Unternehmensdelikten der „Versuch". Es erscheint daher durchaus sinnvoll, daß der Gesetzgeber die Möglichkeit tätiger Reue bei jedem einzelnen Unternehmenstatbestand gesondert abgewogen und entschieden hat[221].

Bei den unechten Unternehmensdelikten[222] kommt hinzu, daß eine mehr oder weniger final ausgefallene Tathandlungsbeschreibung auf Zufall beruhen kann. So soll wohl der Abs. 1 des § 164 („verdächtigen") zu dieser Gruppe gehören[223], nicht aber Abs. 2, obwohl dieser das „Verdächtigen" nur konkretisiert und den „Erfolg" wie Abs. 1 in die Absicht verweist. Freilich ist zuzugeben, daß auch die Verwendung des Wortes „unternehmen" im Gesetz oft auf Zufall beruht; eben deshalb besteht aber auch im Bereich der echten Unternehmensdelikte keine „Analogieautomatik" hinsichtlich der tätigen Reue.

Der Ausgangspunkt erlaubt auch, den *formellen Versuch* des Unternehmens *in jeder Form für möglich* zu halten. Er kommt zwar nur in den Fällen der §§ 316a, 316c I 2 in Betracht, weil er sonst entweder anderweitig erfaßt wird (bei §§ 81, 82 als Vorbereitung nach § 83; bei §§ 310b, 311a als Vorbereitung nach § 311b; bei § 357 als erfolglose Anstiftung) oder kein Verbrechen vorliegt (§ 184 I 4, 9, III 3). Wo er in Betracht kommt, ist es aber auch sinnvoll, daß er unter Strafe steht. Wiederum bestätigt sich diese Konsequenz bei den unechten Unternehmensdelikten, die den Versuch z.T. ausdrücklich unter Strafe stellen (§ 121 II, § 25 WehrStG bei „tätlich angreifen"), ohne daß man daran Anstoß nimmt, daß dies ein (formeller) Versuch des (materiellen) Versuches ist.

Die Erkenntnis, daß § 11 I 6 dem BT angehört, läßt auch die allgemeine Meinung problematisch erscheinen, wonach der *Versuch des Unternehmens* unmöglich strafbar sein könne, weil ein „Versuch des Versuchs" die Strafbarkeit zu weit ausdehnte. Diese kriminalpolitische Erwägung mag zwar häufig zutreffen und dann bei Auslegungsfragen verwendbar sein; dann aber nicht deshalb und vor allem nicht stets, weil und wenn es sich um Unternehmensdelikte handelt. Wenn es möglich ist, ein Unternehmen sogar strafbar vorzubereiten (§§ 83, 311b), warum sollte man es dann nicht auch versuchen können! Vor allem aber ist der untaugliche Versuch, insbesondere bei umgekehrtem Irrtum, nur über § 22 erfaßbar[224].

221 Neuerdings wieder § 311c i.d.F. EG StGB 1974.

222 Auch sie bezieht Schröder in Kern-Festschrift 1968, S. 467 in die „Analogieautomatik" ein (dagegen BGH 14, 217 für § 330c).

223 Schröder in Kern-Festschrift S. 464, der ferner hierher rechnet: „angreifen" (§§ 113, 121 I 1), da identisch mit „Angriff unternehmen" (§ 316a, § 24 WStG), „nachstellen" (§ 292), „Hilfeleisten" (§ 257 und umgekehrt in § 330c), „unterstützen" (§§ 84 II, 85 II, 109 f. I 1 Nr. 3, 129 I), „zu täuschen suchen" (§ 145d Nr. 2), „verdächtigen" (§ 164 I), „fischen" (§§ 293, 296a). Burkhardt JZ 1971, 352 fügt hinzu: „auffordern" (§ 111), „einwirken" (§ 125).

224 Überzeugend Burkhardt JZ 1971, 352. Auch BayObLG GA 74, 310, das die Strafvereitelung in der früheren „Absichts"form des § 257 a.F. als „bloßen Unternehmenstatbestand" betrachtete, hielt den Versuch dennoch für möglich, der freilich straflos war.

Das Problem ist allerdings zur Zeit praktisch nicht sehr aktuell, weil der Versuch des hochverräterischen Unternehmens (§§ 81, 82) bereits als „Vorbereitung" einen gesonderten Tatbestand vollendet, der seinerseits, wie ausgeführt, nicht versucht werden kann. Aus § 122 a.F. (jetzt § 121, Gefangenenmeuterei) hat das EG 1974 den Unternehmenstatbestand gestrichen, um die Strafmilderung für Versuch zu ermöglichen[225]. Das Unternehmen des Pornographiehandels (§ 184 I 4, 9, III 3) ist kein Verbrechen. Von Belang ist die Frage daher z.Zt. nur für das Unternehmen eines räuberischen Angriffs auf Kraftfahrer (§ 316a) und für die Konnivenz, insoweit sie Verbrechen ist (§ 357) oder der Versuch desjenigen Delikts sonst eine Versuchsstrafbarkeit kennt, zu dem verleitet werden soll. Aber auch im letzten Fall scheidet der Versuch aus, weil die betreffende Variante bei korrekter Auslegung als erfolglose Anstiftung zu lesen ist, so daß lediglich § 30 I insoweit auf Vergehen ausgedehnt ist. Ein Versuch der versuchten Anstiftung ist aber in der Tat undenkbar. Es bleibt somit lediglich § 316a, ein Fall, in dem nun wirklich nicht einzusehen und insbesondere mit der üblichen Begründung nicht plausibel zu machen ist, warum der Versuch nicht strafbar sein sollte. Im Urteil des Gesetzgebers ist bereits das Unternehmen, also das unmittelbare Ansetzen zu einem Angriff auf den Kraftfahrer in räuberischer Absicht ein so schweres Verbrechen, daß der Strafrahmen erst bei fünf Jahren beginnt. Wenn man nun, eingedenk dieser schweren Strafdrohung, das Unternehmen erst mit dem unmittelbaren Ansetzen zum Angriff beginnen läßt, so liegt schon dieses so sehr im Zentrum des Unrechts wie nur irgendeine Tathandlung, hinsichtlich deren die Versuchsstrafbarkeit bedenkenlos akzeptiert zu werden pflegt. Die faktische Möglichkeit eines „unmittelbaren Ansetzens zum unmittelbaren Ansetzen" wird ja nirgends in Frage gestellt; man fürchtet nur, dadurch die Strafbarkeit zu weit auszudehnen.

Das konstruktive Argument, daß nämlich das Unternehmen ohnehin schon den Versuch i.S. des § 22 enthalte[226], wurde bereits oben zurückgewiesen. Schröder selbst geht nicht so weit, diese Konstruktion auf die unechten Unternehmensdelikte zu übertragen, da dem die Tatbestandsgarantie entgegenstehe. In Wahrheit enthalten diese Tatbestände den „Versuch" aber in gleichem Sinne wie § 11 I 6. Dennoch wäre es mißverständlich, sie mit Armin Kaufmann als „Versuchsdelikte" zu bezeichnen[227]. Denn der untaugliche Versuch bleibt in toto außerhalb des Vollendungsbereichs dieser Tatbestände[228], nicht nur der Versuch mit un-

225 Amtl. Begr. S. 210.

226 Schröder in Kern-Festschr. S. 459, 464 f. u.ö.

227 Auch Bockelmann Untersuchungen S. 198–203 nahm wegen des „Versuchscharakters" der alten Begünstigungsregelung (Beistandleisten als Versuch der Strafvereitelung) Vollendung an, wenn die Vortat objektiv fehlt. Demgegenüber bedeutet es eine Milderung, daß der neue § 258 die Vollendung vom Erfolg abhängig macht und dafür den Versuch i.S. § 22 für strafbar erklärt.

228 Anders Armin Kaufmann und Bockelmann a.a.O., die den Versuch im technischen Sinne in vollem Umfang einbeziehen. Wie hier Burkhardt JZ 1971, 352 sowie Maurach BT S. 69 für „selbständig pönalisierte Versuchshandlungen", nicht aber (Maurach AT S. 500) für Unternehmensdelikte.

tauglichen Mitteln[229], sondern auch derjenige am untauglichen Objekt. Aber gleichgültig, in welchem Umfang man den Versuch hier in die Vollendung einbezieht: zur Begründung der Relevanz des Problems ist jedenfalls das Argument nicht geeignet (und auch nicht notwendig), daß es sich durchwegs um Vergehen handele, so daß die Strafbarkeit nicht „ohnehin" aus §§ 22, 23 folge[230]. Denn wo § 22 eingreift, erfaßt er bei diesen Delikten den (formellen) Versuch des (materiellen) „Versuchs", so daß beide durchaus nicht austauschbar sind. Andernfalls wäre es unverständlich, daß der Gesetzgeber überhaupt Unternehmens*verbrechen* formuliert[231].

Mir scheint aber gerade durch die Anerkennung dieser konstruktiven Konsequenz tendenziell eine Milderung möglich. Denn wer erst ein Mietauto besteigt, um den Fahrer später irgendwo zu überfallen, der unternimmt durch das Einsteigen noch keinen Angriff, sondern versucht erst, ihn zu unternehmen. Im Banne der Vorstellung, daß es hier keinen Versuch geben könne, hat die Rspr. in diesem Fall aber bereits ein Unternehmen und damit Vollendung angenommen[232]. Die richtige Konstruktion eröffnet dem Richter dagegen in solchen Fällen die Milderungsmöglichkeit der §§ 23 II, 49 I, wo es sich in der Tat um das Vorfeld der Unrechtshandlung handelt. Ein Ausweichen auf einen „minder schweren Fall" i.S. § 316a I 2 wäre nicht sachgerecht.

Die bisher in den *„unechten Unternehmensdelikten"* als strukturgleich erkannten Tatbestände enthalten entweder keine Verbrechen[233] oder stellen den Versuch sogar ausdrücklich unter Strafe[234]. Im letzteren Falle beweist der Gesetzgeber, daß er den finalen Charakter der betroffenen Tathandlungsbegriffe und damit deren faktische Parallelität zum Unternehmen nicht verkannt, sondern die Unternehmensform bewußt nicht gewählt hat[235].

---

229 So Schröder Kern-Festschr. 1968, S. 466, der die Einbeziehung des Versuchs mit untauglichen Mitteln damit begründet, daß die Erfolgseignung nicht notwendig sei, weil der Tatbestand den Erfolg nicht voraussetzt.

230 So aber Schröder a.a.O. S. 464.

231 Demgegenüber argumentiert Schröder a.a.O. 461, daß § 46a (a.F.) den untauglichen Versuch umfassen müsse, *weil* (?) er bei Unternehmensverbrechen ohnehin strafbar sei und kein Grund bestehe, bei Vergehen anders zu verfahren.

232 BGH 6, 82.

233 § 113 „angreift"; § 257 „Hilfe leistet"; § 292 „dem Wilde nachstellt"; § 145d i.d.F. EG 1974 „vortäuscht"; § 164 „verdächtigt".

234 § 25 WehrStG und jetzt § 121 II StGB ausdrücklich auch in bezug auf „tätlich angreifen".

235 Gerade zwischen „angreifen" und „einen Angriff unternehmen" sieht Schröder a.a.O. 1968, 464 keinen Unterschied, während § 316a und § 25 WehrStG das Unternehmen des Angriffs unter Strafe stellen, so daß der Angriff nicht an sich schon Unternehmen sein kann.

2. „Nachzone" (Von der Vollendung zur Beendigung)

Die materielle Betrachtung des strafbaren Unrechts läuft Gefahr, nicht nur den Bereich vor, sondern auch den Bereich nach der Vollendung unter Verstoß gegen den nullum-crimen-Satz zu behandeln. Es geht um die Möglichkeit des Beitritts von Mittätern oder Gehilfen, nachdem der Tatbestand bereits vollendet ist, und um die Zurechnung qualifizierender Merkmale, die erst dann erfüllt werden[236]. Die Gefahr, den hierfür möglichen Zeitraum unter Mißachtung der Tatbestände nach einer spekulativen Schau des „eigentlichen" Endes eines Deliktstyps zu bestimmen, ist besonders groß, wenn man die „Lehre von der materiellen (tatsächlichen) Beendigung" dem AT zurechnet[237].

Nachdem die kausale Handlungslehre schon im vorigen Jahrhundert den Umzug der Anschlußdelikte, namentlich der Begünstigung, vom AT in den BT erzwungen hat, bedeutete die generelle Annahme eines strafbegründenden Verhaltens nach tatbestandlicher Vollendung bis zur „vollen" Verwirklichung des „letztendlichen" Unrechts nichts weniger als den Rückschritt in eine Zeit, die auch das nichtkausale „Umfeld" tatbestandlicher Handlungen allgemein erfassen zu können glaubte.

Ein Anschluß an die Versuchsregelung ist nicht möglich. Denn im Falle des Versuchs ist der AT in der Lage, eine generelle Strafausdehnungsgrenze zu schaffen, weil ausschließlicher Bezugspunkt die tatbestandliche Vollendung bleibt. Eben hierauf müßte eine generelle Bestimmung der Nachzone verzichten und statt dessen auf ein außertatbestandliches Unrechtszentrum verweisen. Umso viel weniger ist es möglich, die Relevanz der „Nachhandlungen" auf das – im AT angeblich in malam partem zureichende – Gewohnheitsrecht zu gründen[238].

In der Tat wollen Rspr. und Literatur, die ganz überwiegend die Relevanz einer materiellen Beendigung annehmen, eine so konsequente Einbeziehung in den AT auch nicht behaupten; die Gefahr ist aber schon allein deshalb gegeben, weil die Frage wie selbstverständlich in den Lehren zum AT abgehandelt wird.

Erst jüngst hat Jescheck sie mit aller Deutlichkeit zum Gegenstand einer Analyse gemacht, die als typisches Beispiel für einen Teil der Allgemeinen Lehren des BT gelten kann[239].

Indessen findet die Lehre von der Beendigung in ihrer Heimat, dem BT, eine ausreichende Begründung. Hier ist sie auf eine korrekte Auslegung der Einzeltat-

---

236 Neuerdings ist der Zeitpunkt der Beendigung auch für den räumlichen Geltungsbereich aktuell geworden, vgl. OLG Stuttgart NJW 1974, 914. Er kann ferner Bedeutung für Notwehr und Konkurrenz, Verjährung und Amnestie haben. Umfassend jetzt Kühl, Die Beendigung des vorsätzlichen Begehungsdelikts, Str.Abh. NF 16, 1974.

237 Diese Einordnung bei Hau, Die Beendigung der Straftat und ihre rechtlichen Wirkungen, Diss. Freiburg 1973.

238 Jescheck in Festschr. für Welzel 1974, S. 690 f. lehnt das Gewohnheitsrecht als Rechtsgrund ab, weil die „Beendigung" nicht dem AT angehört und daher die durch den BT gezogene Grenze der Strafbarkeit nicht erweitern könne.

239 Jescheck, Wesen und rechtliche Bedeutung der Beendigung der Straftat, in: Festschr. für Welzel 1974, S. 683.

bestände angewiesen und entgeht so dem Vorwurf, gegen den nullum-crimen-Satz zu verstoßen[240]. In dieser Begrenzung kann sie auch leisten, was sie soll. Denn in den Fällen der Absichts-, Gefährdungs- und Unternehmensdelikte sowie der mehraktigen und Dauerdelikte und bei tatbestandlicher Handlungseinheit bleibt die nach Vollendung weiterbetriebene Beeinträchtigung des Rechtsguts jedenfalls dann innertatbestandlich, wenn auch der Handlungsunwert fortdauernd verwirklicht wird[241], so daß es nicht notwendig ist, auf den zweifelhaften vorjuristischen „Begriff" der betreffenden Straftat zu rekurrieren. Zurückhaltung ist aber bei jenen Delikten geboten, die nur nach ihrer Handlungsstruktur den genannten Tatbeständen ähnlich sind. Aber auch hier wird kein spekulatives „Unrecht hinter dem Unrecht" bestraft, wenn durch wiederholte Tatbestandsverwirklichung im Effekt ein zweiaktiges oder Dauerdelikt erfüllt wird.

Es sind von vornherein nur bestimmte Delikte, deren Konstruktion es erlaubt, einen besonderen Beendigungszeitpunkt in Betracht zu ziehen. Jescheck teilt sie in vier Gruppen: In der *ersten* Gruppe nennt der Tatbestand einen Erfolg als weiteren Unrechtsschwerpunkt, dessen Eintritt aber zur Vollendung nicht erforderlich ist. Hierher gehören die Absichts-, Gefährdungs- und Unternehmensdelikte. Es ist gar nicht notwendig, hierbei auf einen außer-strafgesetzlichen oder gar vorjuristischen „Begriff" der betreffenden Straftat zu rekurrieren[242]. Denn in den genannten Fällen bleibt die nach Vollendung weiterbetriebene Beeinträchtigung des Rechtsguts innertatbestandlich. Bei den Unternehmensdelikten ist das offensichtlich. Aber auch die Verwirklichung der tatbestandlichen Absicht, die Realisierung der tatbestandlichen Gefährdung – bzw. der Eintritt einer konkreten Gefahr bei den abstrakten Gefährdungsdelikten – und die Zweckerreichung bei den als „unechte Unternehmen" erkannten finalen Tätigkeitsdelikten ist nach dem e maiore ad minus ersichtlichen Willen des Gesetzgebers nichts als intensivierte Tatbestandserfüllung. Solange man so innerhalb des „möglichen Wortsinnes" bleibt, ist es daher gar nicht notwendig, einen dem Tatbestand „innewohnenden Verbotssinn" *materiell* zu erfassen[243].

Die *zweite* Gruppe bilden „iterative" Tatbestände, worunter die tatbestandliche Handlungseinheit, Dauerdelikte sowie die zwei- und mehraktigen Delikte zu verstehen sind. Ihnen allen ist eigen, daß der Tatbestand auch nach seiner Vollendung laufend weiter erfüllt wird. Irgend ein materiell ermitteltes Unrecht wird hier nicht hinzugefügt.

Die *dritte* Gruppe enthält Fälle, die den beiden erstgenannten Gruppen analog sind, dies aber nicht aufgrund ihrer Delikts-, sondern aufgrund ihrer Handlungsstruktur. Hier ist besondere Zurückhaltung geboten, aber gegen eine entsprechende Auslegung dann nichts einzuwenden, wenn durch kontinuierlich wiederholte Tatbestandsverwirklichung im Effekt eine Art Dauerdelikt oder durch die Wiederholung eines Tatbestandsmerkmals zur Verwirklichung der tatbestandlichen Absicht im Effekt ein zweiaktiges Delikt erfüllt wird. Denn dabei wird kein spekulatives „Unrecht hinter dem Unrecht" bestraft.

---

240 Im einzelnen führt Kühl a.a.O. S. 25 und passim eine strenge Orientierung am Tatbestand durch.

241 Auf die Notwendigkeit dieser Einschränkung macht Kühl a.a.O. S. 57 ff. und passim zu Recht aufmerksam.

242 So aber Jescheck a.a.O. S. 685 im Anschluß an Schmidhäuser Lb. S. 471.

243 So aber Jescheck a.a.O. S. 691.

Als *vierte* Gruppe nennt Jescheck die natürliche Handlungseinheit und die fortgesetzte Handlung, die aber im wesentlichen ausscheiden, da sie nur für Konkurrenz, Verjährung und Strafantragsfrist, nicht aber für die Ausweitung des Strafbarkeitsbereichs (Beteiligung, Zurechnung qualifizierender Merkmale) Bedeutung haben.

Die Lehre von der „Beendigung“ einer Straftat entgeht also nur dann der Gefahr außergesetzlicher Strafausweitung, wenn sie nicht abstrakt im AT, sondern am konkreten Tatbestand des BT betrieben wird. Hier aber ist sie legitim, weil die Tat so lange andauert, als sie den Tatbestand erfüllt. Der Unterschied dieser akzeptierten „Nachzone“ nach der Vollendung zur abgelehnten „Vorzone“ besteht darin, daß die Beendigung nicht am Maßstab eines gedachten Unrechtszentrums, sondern allein am Maßstab des geschriebenen Tatbestandes ermittelt wird.

II. Die Beteiligung

1. Verstöße gegen die Trennung im AT

Es ist unstreitig, daß der AT keine Tatbestände der „Teilnahme an sich“ kennt und daß seine Vorschriften über die Beteiligung nur mit Bezug auf den BT Leben gewinnen.

Dies gilt nicht erst, seit Hehlerei und Begünstigung als nichtkausale, weil nachträgliche „Beihilfe“ in den BT übergewechselt sind. Denn der Grundsatz gilt auch in anderen Rechtsordnungen, in deren AT diese beiden Delikte noch ein Schattendasein führen. Und auch aus dem Bereich der echten Teilnahme verwandelt der Gesetzgeber häufig einzelne Handlungsformen durch Aufnahme in den BT in Haupttaten.

Waren die Beteiligungsformen zur Zeit der Carolina noch in das Tatbestandsgefüge des BT verwoben[244], z.B. eine qualifizierte Form der Anstiftung zum Ehebruch in den Kuppeleitatbestand integriert, so löste sich die Partikulargesetzgebung über die Teilnahme im Gefolge der Dogmatik sehr stark von den Tatbeständen. Das 19. Jhd. nahm die als stets erkennbar vorausgesetzte Haupttat, das kriminelle Zentrum eines komplexen Geschehens, zum Bezugspunkt und regelte die umgebenden förderlichen Handlungen sonst Beteiligter sehr weitgehend als Teilnahme, so Hehlerei und Begünstigung als „nachträgliche Beihilfe“[245]. Erschien allerdings die für die Haupttat angedrohte Strafe einer bestimmten Beteiligungsart unangemessen, so ging der Gesetzgeber von Fall zu Fall dazu über, einzelne, „an sich“, „nach natürlicher Betrachtung“ Teilnahmeakte darstellende Handlungen in selbständigen Tatbeständen zu erfassen und so zu formalen Haupttaten zu machen[246].

---

244 Allerdings ist die Strafbarkeit der Beihilfe in Art. 177 allgemein statuiert.

245 In Frankreich erst im Jahre 1915 zu selbständigen Tatbeständen ausgestaltet und auch jetzt noch auf der Saktionenseite nicht ganz unabhängig von der Vortat, vgl. Vouin-Léauté 1965, S. 43 f. In der Sowjetunion beschränken sich die verbliebenen AT-Vorschriften über Begünstigung und Nichtanzeige auf eine bloße Verweisung auf den BT (Art. 18, 19 StGB RSFSR).

246 Dazu bestand insbesondere Anlaß, wo eine Strafmilderung für den Teilnehmer nicht oder nur fakultativ vorgesehen war, vgl. Vouin-Léauté a.a.O.

Die dem StGB zu Grunde liegende Kausalitätslehre nötigte dazu, die nachträgliche Beihilfe und alle aus sonstigen Gründen nicht kausalen Beiträge aus dem Teilnahmebereich zu lösen und, soweit sie strafbar bleiben sollten, als Sondertatbestände zu etablieren[247]. Im übrigen erlebte die vom BT absehende, mit eigenem materiellem Gehalt operierende Täterschafts- und Teilnahmedoktrin aber gerade jetzt ihren Höhepunkt. Erst heute bahnt sich mit Roxins Täterlehre eine Neuorientierung an, da diese die Täterfrage nach ganz unterschiedlichen Kriterien beurteilt, je nachdem, welcher Deliktsart die konkret in Frage stehende Haupttat angehört.

Der entscheidende Grund ist auch hier die Rechtsgutblindheit des AT: jede materielle Auffassung von den Teilnahmeformen des AT unterstellt die Betroffenheit eines durch den Ausleger, nicht durch den Gesetzgeber eingesetzten Rechtsgutes.

Dennoch wird der formale Charakter des AT auch in der Teilnahmelehre mißachtet. Dieser Vorwurf trifft *einmal* den Versuch, die *Institute der Täterschaft und Teilnahme* mit weitgehend selbständigem Gehalt auszustatten, statt ihren materiellen Inhalt nach der Art des bezogenen BT-Tatbestandes zu differenzieren. Ein grundlegender Neuanfang ist hierin allerdings mit Roxins Teilnahmelehre gemacht[248].

Der Vorwurf trifft *zweitens* die neuen *Lehren von den „Teilnahmetatbeständen“* als „echten Deliktstypen“ des AT[249]. Letztlich kommen sie bei der Behandlung der Kettenteilnahme, mit dem Verzicht auf Kausalität der Beihilfe und mit ihrer Erklärung der Strafbarkeit einer Teilnahme des Extraneus am Sonderverbrechen ohne die Vorstellung nicht aus, daß der AT selbständige Gebote und Verbote aufstelle, während er in Wirklichkeit die Gebote und Verbote des BT nur individualisiert. Hieraus ergeben sich auch praktische Folgerungen, die den nullum-crimen-Satz verletzen.

Meine Kritik richtet sich in diesem Zusammenhang nicht gegen Lüderssens „Teilnahmetatbestände“[250]; denn diese sollen sich aus einer Zusammenschau mit dem BT ergeben und sich aus ungeschriebenen Merkmalen zusammensetzen. Sie richtet sich auch nicht gegen Schmidhäusers Lehre vom „Teilnehmerdelikt“[251]. Denn auch dieses soll, gerade wegen seiner Selbständigkeit, seinen Unrechtsgehalt ganz aus dem BT beziehen und allein dessen Rechtsgüter verletzen. Demgemäß haftet auch nach dieser Lehre der Anstifter zur Beihilfe als Gehilfe und nicht als Anstifter[252]. Allerdings sollen die echten Sonderdelikte von § 28 I ausgenommen sein und jene Qualifikationen der Haupttat dem Teilnehmer nicht zugerechnet werden, die vor seinem Tätigwerden schon verwirklicht waren[253].

---

247 So neben Komplott und Bande auch die im AT verbliebene versuchte Anstiftung etc.

248 Roxin, Täterschaft und Tatherrschaft, 2. Aufl. 1967, entnimmt Täterschaftskriterien dem BT, wo er im Hinblick hierauf die Tatbestandsgruppen der „Herrschafts-“ und „Pflichtdelikte“ bildet – ein Beispiel für „ATe“ im BT.

249 Herzberg GA 1971, S. 1; D. Meyer JuS 1973, 755.

250 Lüderssen, Zum Strafgrund der Teilnahme 1967, S. 117.

251 Schmidhäuser AT 1970, S. 394 ff.: 14/5, 6, 8, 77, 79, 82, 83.

252 A.a.O. 14/135 (S. 451).

253 A.a.O. 14/100, 102 (S. 439).

Die Kritik richtet sich aber gegen die Erwägung Herzbergs, daß die „Teilnahmetatbestände" ein „autark-geschlossenes" Element der „Eigenständigkeit" aufwiesen, das mit dem gegenläufigen „Übernahmeprinzip" der Ergänzung und Umformung durch den Haupttatbestand in Streit liege. Für die Eigenständigkeit könnte man zwar ins Feld führen, daß nach § 9 II 2 AT 1975 die inländische Teilnahme an einer Auslandstat auch dann als Inlandstat gilt, wenn die Haupttat nach Tatortrecht nicht strafbedroht ist und deshalb auf die Haupttat im allgemeinen auch das deutsche Strafrecht nicht anwendbar ist. Aber das kann natürlich nicht ausschlaggebend sein. Aber auch Herzbergs Begründung trägt nicht. Selbstverständlich enthalten die §§ 26/27 „echte Deliktstatbestände", insofern sie auf der Tatbestandsseite strafkonstituierend wirken. Das gilt aber entgegen seiner Ansicht auch für § 47 a.F. in Gestalt des jetzigen § 25, da ohne ihn weder die mittelbare noch die Mittäterschaft ohne weiteres, sondern nur im Wege der Auslegung aus dem BT folgte[254]. Es ist zwar richtig, daß es „für den Deliktscharakter einer gesetzlichen Bestimmung" genügt, wenn diese „ein Handlungsmerkmal enthält, durch welches der Bereich des Strafbaren erweitert wird". Eben dies trifft aber auch auf das Strafanwendungsrecht, um nur einen Bereich des AT herauszugreifen, zu. In Wahrheit geht es ihm auch nicht um den „Deliktscharakter", sondern – weitergehend – um die Haupttatfähigkeit der Teilnahme. Das zeigt sich daran, daß er die Probleme der Kettenteilnahme wie auch der „Täterschaft" des „Teilnahmetäters" nach den Kriterien der Täterschaftslehren, der Teilnahme am Sonderverbrechen und der Kausalität der Beihilfe so lösen will, als sei die unmittelbare Teilnahme insoweit Haupttat, und zwar, da es auf den Erfolg oder auch nur Versuch der BT-Haupttat teilweise nicht ankomme, abstraktes Gefährdungsdelikt. Um seine Prämisse zu stützen, muß Herzberg den Kriterien eines eigenen Rechtsgutes und Strafrahmens die entscheidende Bedeutung für den „Eigendeliktscharakter" absprechen. Eben dies war aber ausschlaggebend für die Einstellung des § 49a a.F. (§ 30) in den AT. Auch läßt sich die systematische Schlußfolgerung Herzbergs nicht recht einsehen. Er meint nämlich, daß sich die Teilnahmeformen, vom Rechtsgut her betrachtet, zwar als „Erscheinungsformen" des jeweiligen BT-Delikts begreifen lassen, daß sie aber gerade gesetzestechnisch untereinander – und nicht mit der BT-Tat – zusammengehörten und zusammen einen eigenen Deliktstyp bildeten. Was aber, wenn nicht das Rechtsgut, soll denn einen Deliktstyp konstituieren? Gerade gesetzestechnisch weist die Einordnung im AT darauf hin, daß „das Teilnahmedelikt" keinen Deliktstyp darstellt. Bemerkenswert ist, daß diese Lehre sich nicht bemüht, ein besonderes Rechtsgut dieses angeblichen „Deliktstyps" zu konstruieren, was zweifellos möglich wäre; vielmehr wendet sich Herzberg gegen dieses Bestreben etwa der Schuldteilnahmetheorie. Dennoch klingt eine solche Vorstellung an, wenn er die Strafbarkeit der Teilnahme des Extraneus am Sonderdelikt damit begründet, die §§ 26, 27 verböten „jedem", „andere zu mit Strafe bedrohten Handlungen zu bestimmen oder ihnen bei der Begehung zu helfen". Wenn die Trennung AT–BT überhaupt einen Sinn haben soll, der über Textökonomie hinausgeht, so doch den, daß im AT nicht Gebote und Verbote aufgestellt, sondern Gebote/Verbote des BT individualisiert werden.

Der theoretische Ansatz wird auch durch die teilweise nicht wünschenswerten Ergebnisse widerlegt. Warum sollte als Anstifter bestraft werden, wer zur Beihilfe anstiftet? Ihn träfe doch nur die Strafe aus der BT-Tat und nicht die – nicht existente – Strafe des zur Haupttat gemachten „Beihilfedelikts"; wäre aber letzteres richtig, so bestätigte dies nur die Bestrafung wegen Beihilfe zur BT-Haupttat. Ebenso schwingt die Schuldteilnahmetheorie mit, wenn Herzberg glaubt, die Strafbarkeit der Teilnahme des Extraneus am Sonderdelikt nur mit Hilfe des „Teilnahme-Deliktstyps" begründen zu können: sieht man die persönliche Pflichtstellung hier als zentrales Unrechtsmerkmal, so kann der Teilnehmer eben nur als „Korrumpator" erfaßt werden. Indessen haftet der Teilnehmer auch hier, weil er ursächlich

254 Anders Baumann 6. Aufl. S. 547.

geworden ist für eine Pflichtverletzung, d.h. für eine Gefährdung des Rechtsguts, das durch die Sonderpflicht mitgeprägt wird. § 28 I bestätigt diese Auffassung, ohne daß zu dem Streit Stellung genommen werden kann, ob er auf die Sonderpflichten paßt[255].

Was schließlich die Kausalität der Beihilfe betrifft, so ist nicht einzusehen, warum gerade auf sie verzichtet werden soll, wo doch Täterschaft und auch Anstiftung ganz wesentlich und unverzichtbar auf ihr beruhen. Übrigens kann auch die Auffassung vom „Teilnahmedelikt" am Kausalitätserfordernis nicht vorbei. Denn wenn der „Erfolg" des „Beihilfetäters" darin besteht, daß er hilfreich war, so läßt sich die „Hilfe" eben nicht anders denn als Kausalität für die Haupttat definieren, und sei es auch nur auf psychischem Gebiet. Wer völlig überflüssiger- oder sogar hinderlicherweise „mitgegangen" ist, wird nicht „mitgehangen", weil er nicht „hilfreich", d.h. aber, nicht kausal war. Es wäre auch nicht einzusehen, warum das eigentlich nicht definierbare nichtkausale Helfen bestraft werden sollte, ohne daß ein Rechtsgut in Sicht wäre, das hier vom BT unabhängig wäre und das Herzberg auch gar nicht vermutet. Herzberg sieht seinen Ausweg darin, daß er die Beihilfe als abstraktes Gefährdungsdelikt betrachtet. Das aber verstößt nun gerade gegen den nullum-crimen-Satz. Denn der Gesetzgeber hat nun einmal die – wie immer definierbare – „Teilnahme" nicht an sich unter Strafe gestellt, sondern außer der erfolgreichen nur wenige, genau umschriebene Fälle der erfolglosen. Im übrigen wäre der „Tatbestand" der Teilnahme auch nicht definierbar, wenn nicht durch den Erfolg, sei es auch nur den gewollten. Das Wort „Helfen" ist als Tätigkeitsbeschreibung jedenfalls weit davon entfernt, der deskriptiven Tatbestandsbestimmtheit zu genügen, wenn es sich nicht aus dem Erfolg definiert.

Im wesentlichen widerlegt denn auch Herzberg selbst durch seine, das angeblich „gegenläufige" „Übernahmeprinzip" exemplifizierende Folgerungen die Ausgangsthese. So hat § 28 II nicht nur eine „Überleitungsfunktion", indem er Tätermerkmale des BT auf die „Teilnahmetatbestände" „transponiere", sondern beweist nachdrücklich, daß auch der Teilnehmer aus dem BT bestraft wird. Ebenso läßt sich die Straffreiheit desjenigen Teilnehmers, der zugleich notwendiges Opfer der BT-Tat ist, aus dem „Teilnahmetatbestand" nicht entnehmen. Die Straffreiheit des durch die Haupttat Begünstigten (§§ 120, 257/258, 180) läßt sich überhaupt nur begründen, wenn man – hier gegen die Rspr. – von einem „Teilnahmedelikt" ganz absieht und die Strafwürdigkeitsgrundlage des BT-Tatbestandes auch auf die Erscheinungsform der Teilnahme überträgt. Schließlich müßte auch der agent provocateur bestraft werden, da der von ihm gewollte Versuch der Haupttat schon „Vollendung der Teilnahme" ist[256].

Lediglich mißverständlich im genannten Sinne sind dagegen die verbreiteten Formulierungen, die die formellen Teilnahmetatbestände des AT den materiellen des *BT* dergestalt *ergänzend an die Seite* stellen, daß der prinzipielle Unterschied leicht übersehen wird.

Auch abgesehen von den Lehren des „Teilnehmerdelikts" ist die Neigung groß, die Strafausdehnungsregeln der §§ 26/27 als „lex" i.S. des nullum-crimen-Satzes anzusehen[257]. Hiergegen wäre nichts einzuwenden, wenn sie infolge des restriktiven Täterbegriffes lediglich als

255 So die h.M. gegen Schmidhäuser AT 14/97–101.

256 Zutreffend wendet sich Küper GA 74, 331 gegen den Ansatz, die Frage der Strafbarkeit des agent provocateur vom „Versuchsdelikt" des Angestifteten her zu beantworten. Denn die Regeln über Versuch und Teilnahme, die hier kumulieren, dehnen lediglich den objektiven Teil des BT-Tatbestandes aus, ohne den subjektiven zu berühren.

257 Vgl. Maurach AT 4.A. S. 672.

Ausweitung des BT-Tatbestandes verstanden würden. Häufig werden die so gebildeten „Teilnahmetatbestände" aber solchen des BT gleichgesetzt[258]. Auch hier ist wiederum richtig, daß der Gesetzgeber vor der Alternative steht, eine sog. „materielle" Teilnahmehandlung entweder im BT als Haupttat auszugestalten oder die Teilnehmerhaftung, soweit nicht durch §§ 26/27 ohnehin erfaßt, im AT auszudehnen[258]. Dabei kann man gewisse Bestimmungen des StGB so auslegen, daß sie, obwohl im BT gelegen, dem AT angehören (§ 159) oder auch umgekehrt (früher § 49b). Nur muß man sich dabei bewußt sein, daß es sich um eine echte Entscheidung handelt, m.a.W., daß die „materielle Teilnahmenatur" im gleichen Moment jede Bedeutung verliert, in dem sich der Gesetzgeber entschieden hat (oder eine entsprechende Entscheidung durch Auslegung ermittelt ist)[259]. Die Folge besteht z.B. darin, daß im Falle der BT-Lösung Teilnahme und Versuch nach den allgemeinen Regeln möglich sind, ohne daß es auf Natur und Verwirklichungsstufe der verbleibenden „materiellen" Haupttat ankäme. So mag man die Gefangenenbefreiung als „Beihilfe" zur Selbstbefreiung auffassen; Folgen dürfen sich aus dieser Betrachtungsweise aber nicht ergeben, sobald nur die kriminalpolitische Entscheidung für den BT einmal gefallen ist. Andernfalls kann man bei den sog. Konvergenzdelikten zu seltsamen Ergebnissen gelangen. So ist die typische BT-Problematik, welche Situation die Beteiligung mehrerer etwa bei der gefährlichen Körperverletzung, beim gemeinschaftlichen Hausfriedensbruch, bei der Fortführung einer verbotenen Partei oder bei der Rauferei jeweils voraussetzt, völlig unabhängig von der auf alle Vorsatzdelikte bezogenen Problematik des AT, in welcher Beteiligungsform die Mehreren aufgetreten sind.

Häufig werden freilich „echte" Teilnahmefälle auch im BT vermutet. Hierher sollen § 357 (Konnivenz), § 354 (früher „wissentliche Hilfeleistung", jetzt „Fördern" der Verletzung des Postgeheimnisses oder Unterdrückung von Postsendungen, § 354 II 3) und § 125 I („Beteiligung" an Gewalttätigkeiten „als Täter oder Teilnehmer") gehören[260]. Jeder einzelne dieser Fälle wäre jedoch als „echte" Teilnahme durchaus unrichtig charakterisiert[261].

2. Verstöße gegen die Trennung im BT

a) Allgemein

Die Fälle, in denen der BT materielle „Teilnahme"handlungen als Täterschaft ausgestaltet, sind sehr zahlreich. Im Gegensatz zu den „Versuchs-", Vorbereitungs- und Unternehmensdelikten hat die Lehre diese Fälle *noch nicht systematisch* und unter dem Gesichtspunkt der Auswirkungen im AT in Gruppen eingeteilt. Vielmehr empfiehlt man dem Gesetzgeber, eine „nach dem Verbotsziel typische" Teilnahmehandlung nicht als Täterschaft auszugestalten[262]. Dennoch sind auch hier im einzelnen Verstöße gegen den Grundsatz der Trennung von AT und BT häufig.

---

258 In dieser Richtung Maurach a.a.O. 671.

259 So wohl auch Schmidhäuser AT 14/77 (S. 429) bzgl. §§ 109c, 120, 257, jeweils a.F.

260 Maurach AT 4.A. S. 671.

261 Näher unten 2.

262 Baumann 6. Aufl. S. 549 unter Berufung auf BVerfG 17, 306 (318) und BGH LM Nr. 1 zu PersBefG. Vgl. die ähnliche Warnung vor „Versuchstatbeständen" im BT bei Vouin-Léauté 1965, S. 40.

Die materielle Auffassung von Täterschaft und Teilnahme verführt dazu, in gewissen Tatbeständen des BT „eigentlich“ Teilnahmedelikte zu einer vorgestellten, wenn auch nicht normierten Haupttat zu sehen. Die §§ 160, 271 werden als Fälle mittelbarer Täterschaft aufgefaßt[263], § 227 als Fall qualifizierter Nebentäterschaft[264], die §§ 222, 230, 309 als Beweis dafür, daß das StGB den Einheitstäter kenne[265, 266]. Diese Auffassung bleibt nicht ohne Folgen. So wird es als Argument gegen die Möglichkeit einer Teilnahme an Fahrlässigkeitsdelikten angeführt, daß entsprechende Tatbestände in den BT gehörten und, da solche fehlen, einer Strafbarkeit das Analogieverbot entgegenstehe[267]. Ebenso wird die Straflosigkeit des zu § 120 anstiftenden Gefangenen und, gegen das RG, die Straflosigkeit des zu § 180 anstiftenden Verkuppelten damit begründet, daß der BT hier die Beihilfe zu einer gedachten, aber straflosen Haupttat als selbständiges Delikt ausgestaltet habe, so daß der bewußt straflos gelassene „Haupttäter“ nicht wegen Teilnahme an der „Beihilfehandlung“ bestraft werden dürfe[268].

Zunächst ist es systemwidrig, von „Sonderfällen des Teilnehmens“ im BT zu sprechen und diese im Rahmen des AT zu behandeln[269]. Denn sie sind unstreitig nicht akzessorisch und daher auch keine „Sonderfälle“ der §§ 25 ff. Selbst die notwendigen „Teilnehmer“ an Konvergenzdelikten (§§ 121, 223a, 227) sind Täter i.S. des AT; echte Teilnahme ist durchaus möglich[270]. Ebenso ist die Konnivenz (§ 357) kein Sonderfall der Anstiftung[271], § 120 kein Sonderfall der Beihilfe, §§ 111 II, 159 keine Sonderfälle des § 30. Vollends hat die Hilfeleistung vor (§ 138) und nach (§§ 257 bis 260) der Tat keinen Platz im AT.

Unter die „Teilnahme“delikte fallen *zunächst jene Tatbestände*, die eine oder mehrere Formen materieller Teilnahme an fremder Tat pönalisieren, welche *ihrerseits tatbestandsmäßiges, meist schwereres, Unrecht* darstellt. Zur Verwirrung trägt bei, wenn sich der Gesetzgeber bei Beschreibung dieser Handlung der Fachterminologie des AT bedient, etwa die „Beteiligung als Täter oder Teilnehmer“ unter Strafe stellt (§ 125), einen Täter „wie einen Anstifter bestraft“ wissen will (§ 111) oder direkt auf § 30 Bezug nimmt (§ 159); im übrigen verwendet er umgangssprachliche Synonyme, wie „Verleiten“ in §§ 160, 357 oder

263 Zu weiteren Fällen mittelbarer Täterschaft als Lückenausfüller im BT vgl. Baumann JuS 1963, 91.

264 H. Mayer S. 153 sowie LK § 47 RN 19 (seit Lobe 1933); dagegen Schönke-Schröder § 227 RN 6 und § 47 RN 27 a.E.

265 Schmidhäuser 14/10.

266 Weitere Teilnahmevorschriften im BT bei Baumann JuS 63, 53.

267 Jescheck S. 499; Stratenwerth RN 927.

268 So z.B. Heimberger 1931, S. 84.

269 So aber z.B. Baumann 6. Aufl. S. 614–617.

270 So Baumann selbst a.a.O. S. 615.

271 Näher unten b) dd).

„Fördern" in § 354 II Nr. 3, soweit nicht nur einzelne konkrete Weisen des materiellen Teilnehmens Tathandlung sind.

In mancher Beziehung werden aber unter „Teilnahmedelikte" auch *solche Fälle* gerechnet, in denen die materielle *„Haupttat" tatbestandslos* ist, wie das Verleiten und Fördern in § 120, und in denen auch die Verwendung der AT-Terminologie vorkommt, wie das „Bestimmen" in §§ 176 II, V 2, 180 II, III und das „Hilfe leisten" in § 257.

Für *beide* Fallgruppen gilt aber gleichermaßen, daß die materielle „Teilnahme" mit der formellen des AT auch bei wörtlicher Übereinstimmung nichts zu tun hat; *ihr Gegensatz liegt jenem zwischen dem „Versuch" i.S. § 11 I 6 und dem Versuch des § 22 genau parallel.* Im Falle des § 125, der „Täter und Teilnehmer" gleichbehandelt, besteht deshalb durchaus nicht die „Gefahr der Einheitstäterschaft", zumal die Novelle, die diese Formulierung brachte, die Strafbarkeit in Wahrheit eingeschränkt hat.

Die Grenzenlosigkeit des Kreises möglicher „Teilnahmedelikte" wird deutlich, wenn man sich vorstellt, daß die Abtreibung durch die Schwangere selbst straflos wäre – ein kriminalpolitisch nicht abwegiger Gedanke.

Praktische Folge des Gegensatzes zwischen formeller und materieller Teilnahme ist die Möglichkeit 1) formeller Teilnahme des materiellen „Haupttäters" an der materiellen „Teilnahmetat" (daher die ausdrückliche Straffreierklärung der Schwangeren im § 219b i.d.F. 5. StrRG) wie auch 2) selbstverständlich umgekehrt der formellen Teilnahme des materiellen „Teilnahme"täters an der bezogenen „Haupttat"; es folgt ferner, daß im letzteren Falle *Idealkonkurrenz* möglich ist, wenn nicht im Einzelfall Subsidiarität eintritt.

Besonders wird aber die gesetzgeberische Wertung des Rechtsgutes und Unrechts mißachtet, wenn in der zweiten Gruppe der „Teilnahmedelikte" einer gedachten „Haupttat" Bedeutung zugemessen wird, die nicht einmal tatbestandsmäßig ist. So räumen Lehre und Rspr. im Rahmen der *Kuppelei* der geförderten sexuellen Handlung als gedachter „Haupttat" noch immer einen gewissen Einfluß ein[272]. Alle diese Auffassungen setzen sich über die Entscheidung des Gesetzgebers insbesondere der neuen, auf den Minderjährigenschutz beschränkten Formulierung hinweg, daß hier das „Fördern" selbst strafwürdiges Unrecht sei. Daran kann auch das dahinter stehende kriminalpolitische Ziel nichts ändern, die sexuellen Handlungen (an und vor Minderjährigen) selbst zu verhüten.

b) Beispiele

aa) Verletzung des Postgeheimnisses (§ 354) und Landfriedensbruch (§ 125)

Die Annahme von „Teilnahmedelikten" im BT liegt dort am nächsten, wo das Gesetz selbst durch seine Wortwahl zu dokumentieren scheint, daß das eigent-

---

272 Näher unten b) cc).

liche Unrecht im Verhalten eines anderen liege und daß die Tathandlung ihren Unrechtsgehalt nur von jenem anderen Verhalten beziehe. Die Konsequenzen für Teilnahme und Konkurrenz werden insbesondere dann gezogen, wenn sich die Tathandlungsbeschreibung der Terminologie des AT bedient. Als Beispiele sollen die Verletzung des Postgeheimnisses und der Landfriedensbruch näher betrachtet werden.

In § 354 a.F. stimmte das „Hilfe leisten" wörtlich mit der „Tathandlung" des § 27 überein und auch das jetzige „Fördern" (§ 354 II 3) bedeutet nichts anderes. Gemeint aber ist es offenbar rein faktisch, wie die Gleichstellung mit dem „Gestatten" beweist, das ja auch nicht als Sonderfall der Beihilfe, etwa durch Unterlassen, aufgefaßt wird. Hieraus folgt, und das wird wohl auch allgemein akzeptiert, daß die täterschaftliche Hilfeleistung nach § 354 mit einer zugleich darin liegenden Beihilfe etwa zu §§ 133, 242, 246, 274, 202, 303 in *Tateinheit* steht[273], wenn der Andere nicht Postbeamter ist; ist dieser aber auch Postbeamter, so wird der „Gehilfe" nur deshalb nicht zugleich aus §§ 27, 354 bestraft, weil die verwirklichte Täterschaft die stärkere Beteiligungsform darstellt.

Im Falle des Landfriedensbruchs (§ 125 i.d.F. des 3. StrRG) ist die scheinbare „Teilnahmenatur der Haupttat" noch auffallender, weil das Gesetz selbst die eigenen Fachtermini „Täter oder Teilnehmer" verwendet. Aber auch hier gilt das Gleiche. „Letzte" Haupttat der „Teilnehmer-Haupttat" ist hier die Gewalttätigkeit. Zu Unrecht hält man aber die Gleichstellung von „Täter" und „Teilnehmer" für „dogmatisch zweifelhaft"[274], da hier der Einheitstäterbegriff anerkannt sei[275]. In Wahrheit trifft hier nicht den „Teilnehmer" „im Gegensatz zu § 49 (jetzt § 27) stets die volle Täterstrafe"[276]; vielmehr ist er selbst durchaus auch „eigentlicher" Täter kraft der Entscheidung des Gesetzgebers, ihn in den BT zu integrieren. So ist denn auch unbestritten, daß Teilnahme im Sinne des AT an allen Varianten der Verwirklichung des § 125 möglich ist, ohne daß hierin etwa eine Kettenteilnahme zu sehen wäre. Auch hier verwendet der BT den „Täter-" und „Teilnehmer"begriff rein faktisch, so daß die Auslegung unabhängig von der Teilnahmelehre des AT ist[277]. Wiederum folgt, daß die „Teilnahme-Haupttat" des § 125 zur echten Teilnahme an den durch die Gewalttätigkeit etwa sonst begangenen Delikten in Idealkonkurrenz tritt, sofern nicht die Subsidiaritätsregel des § 125 eingreift. § 125 will doch durchaus nicht für einen Sonderfall behaupten, daß hier im Gegensatz zur Grundentscheidung der §§ 25 ff. der Unrechtsgehalt von Täterschaft und Teilnahme stets gleich sei; vielmehr will er aus der Menge der versammelten Menschen diejenigen herausgreifen, die sich an Gewalttätigkeiten selbst aktiv beteiligen. Die Gesamtheit dieser „Beteiligung" ist zur Haupttat gemacht. An den Begriffen darf man sich nicht stören. Niemand würde etwa Anstoß daran nehmen, daß § 354 II 1 denjenigen Postbeamten, der einen Brief nur öffnet, um ihn durch den allein interessierten Kollegen lesen zu lassen, ebenso bestraft wie den Kollegen, der unbefugt Kenntnis nimmt, obwohl jener unter dem Gesichtspunkt einer gedachten „eigentlichen Haupttat" diesem nur Beihilfe leistet. Die Empörung gegen die sog. „Einheitstäterschaft" im neuen § 125 ist umso unverständlicher, wenn man, wie oft, zugleich die so gewonnene Einschränkung des Strafbarkeitsbereiches bedauert; denn nach dem alten § 125 war ja jeder „Teilnehmer" der Zusammenrottung Täter, aus der heraus die Gewalttätigkeit begangen wurde, somit jedenfalls auch die

273 Schönke-Schröder § 354 RN 9.

274 Maurach Nachtr. II zu BT 1971, S. 21.

275 Schönke-Schröder § 125 RN 14.

276 Maurach BT-Nachtr. II 1971 S. 21.

277 a.A. offenbar Schönke-Schröder § 125 RN 17.

jetzigen „Täter und Teilnehmer". Dennoch nahm niemand am „Teilnahme-"begriff, der auch im ehemaligen § 115 (Aufruhr) Verwendung fand und einfach mit dem „Versammeltsein" im alten § 116 (Auflauf) identisch war, Anstoß, sondern verstand ihn durchaus anders als die §§ 26/27[278] und hielt die Idealkonkurrenz zur wirklichen Teilnahme an der Gewalttätigkeit für unproblematisch[279].

Beiden Tatbeständen ist also gemeinsam, daß die Tathandlung materiell Teilnahmecharakter trägt, im Gegensatz zu den §§ 25 ff. aber rein faktisch zu verstehen ist. Es zeigt sich, daß die gleichen Worte, im AT gebraucht, etwas ganz anderes bedeuten, als wenn sie im BT auftreten: sie sind dort „formell", hier „materiell" zu verstehen. Das „Teilnehmen" im Sinne des BT darf nicht unter dem Einfluß jener Dogmatik interpretiert werden, die zur Abgrenzung von Täterschaft und Teilnahme entwickelt worden ist; denn dieses Teilnehmen ist Täterschaft. Für die weiteren aus dem AT folgenden Konsequenzen – Teilnahme und Konkurrenz – gilt uneingeschränkt dieser formelle Täterschaftscharakter der materiellen „Teilnahme"handlung.

bb) Verschaffen von Abtreibungsmitteln (§ 218 IV a.F., § 219b n.F.)

Den berühmtesten Fall der versteckten „Beihilfe im BT" enthielt bisher § 218 IV a.F. Nach dieser Vorschrift wurde bestraft, wer einer Schwangeren Abtreibungsmittel verschafft. Das sieht auf den ersten Blick wie ein Sonderfall der Beihilfe aus. Daß diese Auffassung aber nicht zutreffen konnte, bewies schon der nächste Blick auf die ursprüngliche Strafdrohung. Denn die allgemeine Beihilfe zur Abtreibung war für den Dritten Verbrechen, während auf die Mittelbeschaffung nur Gefängnis stand. Zu Recht ging daher die h.M. davon aus, daß hier nur jene Mittelbeschaffung pönalisiert war, die *nicht* zur Abtreibung führt. Man pflegte diesen Sachverhalt als „versuchte Beihilfe" zu erklären, ohne zu leugnen, daß diese „Teilnahmeform" verselbständigt war.

Aus dem Charakter als „versuchte Beihilfe" zog man vielfach zwei Konsequenzen: einmal könne die Schwangere nicht selbst an diesem Delikt teilnehmen, nicht nur, weil die Täterschaft die Teilnahme konsumiert, sondern auch, weil die Mittelverschaffung sich für die Schwangere materiell als Vorbereitungsakt darstelle. Die Gesetzesentscheidung, diesen Vorbereitungsakt zu verselbständigen, sollte also nicht mächtig genug sein, den Zusammenhang mit der „Haupttat"[280] zu lösen. Zweitens sollte der Charakter als „versuchte Beihilfe" die Rücktrittsmöglichkeit analog § 31 begründen.

Indessen war diese Begründung schon nach altem Recht nicht geeignet, der Schwangeren die Strafbarkeit zu ersparen, wenn sie den Dritten zur Mittelverschaffung angestiftet hatte. Denn der Gesetzgeber hatte sich dazu entschlossen,

---

278 Schwarz 22. Aufl. § 115 Anm. 2.

279 Maurach BT 5. Aufl. S. 650.

280 Schönke-Schröder 17. Aufl. § 218 RN 55.

das Mittelverschaffen eben nicht als Sonderfall versuchter Beihilfe, sondern als Tatbestand mit eigenem Unrechtszentrum zu gestalten.

Diese Konsequenz verdient nicht als „begriffsjuristisch" abgetan zu werden mit dem Vorwurf, daß die Lehre den Begriff des delictum sui generis erst geschaffen habe, um sodann ohne Rücksicht auf die Interessen aus ihm zu deduzieren[281].

Vielmehr muß der Gesetzgeber sich gerade im Hinblick auf diese Konsequenzen zu der BT-Lösung entschieden haben. Daß er dies tut, beweist das soeben verkündete 5. StrRG. Nach ihm wird das Inverkehrbringen von Abtreibungsmitteln bestraft, wenn der Täter in der Absicht handelt, rechtswidrige Abtreibungen zu fördern. Selbstverständlich ist dies ein „delictum sui generis", obwohl es schon als Absichtsdelikt „materiell" als Versuch und zudem – wie das Wort „fördern" deutlich macht – als Beihilfeversuch verstanden werden kann. Ausdrücklich hat der Gesetzgeber aber nunmehr die Teilnahme der Schwangeren an dieser Tat für straflos erklärt[282] – eine Bestimmung, die bei einem AT-Verständnis überflüssig wäre.

Wollte man in diesem und ähnlichen Fällen der „Begriffsjurisprudenz" entfliehen, so wäre weit und breit kein Maßstab ersichtlich, anhand dessen der Richter oder die Doktrin erkennen könnten, ob ein Tatbestand „Teilnahme" zu einem außerhalb des „Sonderdelikts" liegenden Unrechtszentrum beschreibe. Wenn die Lehre solche Charakterisierungen verwendet, so mag es zuweilen didaktisch sinnvoll sein, nimmt sie aber systematisch derartige Einordnungen vor, so muß man sich darüber im klaren sein, daß ein solches System mit Dogmatik nichts zu tun hat, daß hier pure Kriminalpolitik betrieben wird. Auf dieser Basis freilich mögen solche Einordnungen wichtiger sein als manche Dogmatik.

Mit der Erkenntnis, daß § 218 IV a.F. ein Eigendelikt darstellte, war allerdings das Problem des Rücktritts vom „Beihilfeversuch" durch die h.M. nicht entschieden. Denn weithin sollte man aus dieser Charakterisierung immerhin den Schluß ziehen, daß § 31 analog anwendbar sei. Dieser Weg ist korrekt, soweit es sich wirklich um Analogie handelt. Immerhin wäre dann zu bedenken, daß der Gesetzgeber dort, wo er nach Vollendung die tätige Reue honorieren will, dies auch ausdrücklich sagt. Der Interpret hätte also eine Gesetzeslücke nachweisen und sie bejahendenfalls nicht analog § 31, sondern analog den BT-Vorschriften über tätige Reue schließen müssen.

In der Übergangszeit, während der § 218 i.d.F. des 1. StrRG galt, blieb der Tatbestand des § 218 IV unverändert, während die Strafdrohungen dergestalt gemildert wurden, daß diese sog. „versuchte Beihilfe" im Regelfall exakt gleichschwer bedroht war wie die Abtreibung selbst; beide wurden zu Vergehen, während der Versuch wie bisher nur bei der Abtreibung strafbar blieb. Wenn nun

281 Haffke JuS 1973, 402 erhebt diesen Vorwurf auch nur in anderen Hinsichten und nimmt die „Verselbständigungen auf dem Versuchs- und Teilnahmegebiet" ausdrücklich aus seiner Betrachtung aus (a.a.O. Fn. 9 mit diesbezgl. Nachw.). Schon diese Formulierung erweckt aber das Mißverständnis, als ob es ein gesetzesunabhängiges „Versuchs-" oder „Teilnahmegebiet" überhaupt geben könne.

282 § 219b StGB i.d.F. 5. StrRG.

aber der Versuch der Mittelbeschaffung weiterhin strafbar blieb, so nicht etwa, weil „diese Handlung schon in ihrer Vollendung als mißglückter Beihilfeversuch konstruiert" war[283] – das mag das Motiv des Gesetzgebers gewesen sein –, sondern allein deshalb, weil es Vergehen ist, ohne daß der Versuch gesondert unter Strafe gestellt war.

cc) Kuppelei (§ 180)

Auch die Kuppelei ist ein markantes Beispiel für die unzulässige materielle Betrachtungsweise des Rechtsanwenders. Nach alter Tradition erschien sie deshalb als „Beihilfedelikt", weil es undenkbar schien, daß die durch Kuppelei geförderte Unzuchtshandlung im Einzelfall nicht straftatbestandsmäßig sein könnte. Unter diesem Aspekt erscheint der Kuppeleitatbestand als Relikt, das die Aussonderung des AT um die Wende des 18. zum 19. Jhd. zu Unrecht überstanden hat. Ganz trifft diese Sicht freilich nicht zu, da die Beibehaltung des – von eindeutigen Teilnahmeelementen gereinigten – Kuppeleitatbestandes zugleich eine Entscheidung dafür enthielt, daß keinerlei Akzessorietät gelten sollte, ja daß es nicht einmal notwendig zur Unzuchtshandlung gekommen sein muß. Das RStGB hat denn auch von Anfang an die Kuppelei als eigenständigen Straftatbestand gestaltet, obwohl inzwischen nicht mehr jede Form der Unzucht strafbar war. Damit war die für den Rechtsanwender verbindliche Entscheidung gefallen, daß § 180 in jeder Hinsicht selbst „Haupttat" ohne Teilnahmeelement war. Dennoch räumen Lehre und Rspr. der geförderten sexuellen Handlung als gedachter „Haupttat" noch immer einen gewissen Einfluß ein. Man glaubt, die erwähnte Legislativentscheidung nicht als abrupten Einschnitt in der Entwicklung akzeptieren zu müssen und dem § 180 daher nur in dem Maße zunehmende selbständige Bedeutung zumessen zu dürfen, in dem „die einfache Unzucht ihren Charakter als Straftat einbüßt"[284]. Soweit diese sexuelle Handlung nicht tatbestandsmäßig ist, wird häufig darauf verwiesen, daß sie dennoch rechtswidrig sei[285].

Nun kann aber unstreitig die bloße Rechtswidrigkeit eine Handlung nicht zur „Haupttat" i.S. der Teilnahmevorschriften qualifizieren; sie muß auch einen Straftatbestand erfüllen[286]. Materielle Betrachtung führte dennoch zu der Ansicht, daß die Kuppelei wegen ihres „Teilnahmecharakters" mit echter Teilnahme an der strafbaren geförderten Unzuchtshandlung nicht ideal konkurrieren könne; daß es zu einer Unzuchtshandlung auch wirklich gekommen sein müsse, da „erfolglose Beihilfe" nicht strafbar sei; daß der Verkuppelte an der Kuppelei

283 So aber Maurach BT-Nachtr. I 1970, S. 6 f.

284 Maurach BT S. 459.

285 Ähnlich, aber noch krasser, betrachtet BGH 15, 377 die einfache Kuppelei, die nie strafbar war, wegen ihrer Rechtswidrigkeit insofern als „Grundtatbestand", als das Unrechtsbewußtsein hinsichtlich ihrer genügen soll.

286 In §§ 26, 27 kommt dies nur noch in dem Merkmal „Tat" zum Ausdruck.

nicht strafbar teilnehmen könne, wie auch umgekehrt der Kuppler nicht an der (ausnahmsweise) strafbaren Unzuchtshandlung. Alle diese Folgerungen widersprechen der Entscheidung des Gesetzgebers, wonach die Kuppelei in ihrer tatbestandsmäßigen Qualifikation ihr eigenes Unrechtszentrum besitze. Auch der BGH bestätigte stets diese Eigenständigkeit[287]. Diese Tendenz hat sich dadurch verstärkt, daß die Reform von 1973 den Kuppeleitatbestand auf den Minderjährigenschutz beschränkte. Denn nun läßt das Gesetz die Rechts- oder Sittenwidrigkeit der sexuellen Handlung vollends dahingestellt. Freilich bleibt es die ratio der Bestimmung, daß jene sexuellen Handlungen an oder vor Minderjährigen, deren Förderung pönalisiert bleibt, verhütet werden sollen. Als strafwürdiges Unrecht hat der Gesetzgeber jedoch nur das Fördern selbst, nicht immer jene Handlungen angesehen, so daß sich der Anwender mit dem so vorgelagerten Unrechtszentrum abzufinden hat.

Dementsprechend wird für den ersten Kuppeleitatbestand, das „Vorschub leisten“, heute wohl kaum noch vertreten, daß die Vollendung den „Erfolg“ voraussetze[288]; bisher sollte die Kuppelei als „erfolglose Beihilfe“ straflos sein, wenn es nicht zur sexuellen Handlung gekommen ist.

Wohl aber wird weiter vertreten, daß Kuppelei schon tatbestandlich ausscheide, wenn der Kuppler an der sexuellen Handlung selbst teilnehme. Dieser Ansicht ist zwar zuzugeben, daß es zuweilen vom Zufall abhängen mag, wer von mehreren an einer „Orgie“ Beteiligten seine Wohnung zur Verfügung stellt[289]. Es geht aber nicht an, denjenigen Kuppler bis zur Straflosigkeit zu bevorzugen, der außer der Kuppeleihandlung noch ein übriges tut und an der sexuellen Handlung selbst teilnimmt. Man müßte sonst jedem Kuppler empfehlen, eine solche möglichst intensive Teilnahme niemals zu versäumen. Gegenüber dieser absurden Konsequenz kommt auch dem Zufallsargument keine durchschlagende Bedeutung zu: wer von mehreren an der sexuellen Handlung Beteiligten die Vermittlung des minderjährigen Opfers übernimmt oder die Lokalität zur Verfügung stellt, hat das entscheidende Hindernis überwunden und das Unrecht des Vorschubleistens auf sich genommen.

Ebenso wird weiter vertreten, daß der verkuppelte Dritte, also auch der nicht geschützte Erwachsene, an der Kuppelei nicht teilnehmen könne[290]. Auch hier schwingt wieder die Vorstellung mit, daß der Verkuppelte „eigentlich“ Haupttäter sei, mithin nicht für die Teilnahme an der Beihilfe zu seiner eigenen Tat bestraft werden könne. Diese Folge trifft aber zugunsten des echten Haupttäters nur zu, weil die Teilnahme gegenüber der Haupttat subsidiär wäre, während es hier eben nun einmal an einer solchen „Haupttat“ fehlt. Der angeführte Gesichts-

287 BGH 6, 48; 10, 386; 11, 94.

288 Vgl. jetzt Schönke-Schröder § 180 RN 47.

289 Schönke-Schröder § 180 RN 6–7.

290 Schönke-Schröder § 180 RN 26.

punkt, daß eigene sexuelle Interessen zum Kupplertäter und Kupplerteilnehmer unfähig mache, ist oben zurückgewiesen.

Einen Fall der „Teilnahme im BT" stellt die Kuppelei auch in jenen Varianten nicht dar, in denen das „Bestimmen" des geschützten Minderjährigen Tathandlung ist und hinsichtlich deren der Versuch unter Strafe steht (§ 180 II–IV). Allerdings ist hier ein „Erfolg" in Gestalt der sexuellen Handlung vorausgesetzt, so daß die Ähnlichkeit mit der Anstiftung zu einem Vergleich mit § 111 drängt. Nach § 111 wird „wie ein Anstifter bestraft", wer öffentlich zu rechtswidrigen Straftaten auffordert; mangels Erfolg ist die Strafe zu mildern. Nach § 180 II–IV wird mit eigenem Strafrahmen bedroht, wer Minderjährige zu gewissen sexuellen Handlungen „bestimmt"; der Versuch, u.a. also mangels Erfolg, ist strafbar. In beiden Fällen liegt keine AT-Anstiftung, auch keine Sonderausdehnung der AT-Anstiftung vor. § 111 läßt die konkret erstrebte „Haupttat" offen, sie muß aber tatbestandsmäßig-rechtswidrig sein. § 180 beschreibt die erstrebte „Haupttat" konkret, sie muß aber nicht tatbestandsmäßig-rechtswidrig sein. § 111 enthält keine Anstiftung, weil die angesonnene Tat nicht individualisiert ist; aus demselben Grund erweitert die – obligatorisch gemilderte – Strafdrohung gegen erfolglose Aufforderung nicht einfach den § 30 auf Vergehen. § 180 enthält keine Anstiftung, weil die angesonnene Handlung keine Straftat zu sein braucht und nicht einmal ein gegenüber dem „Bestimmen" gesteigertes Unrecht darstellt; entsprechend dem Hauptcharakter des „Bestimmens" unterliegt der strafbare Versuch auch den allgemeinen Regeln und hat mit § 30 nichts gemein[291]. Ist das Bestimmen erfolgreich, die Kuppelei also vollendet, so konkurriert sie ideal und nicht etwa nur scheinbar mit der nach anderen Vorschriften strafbaren täterschaftlichen oder sonstigen Beteiligung an der sexuellen Handlung selbst, etwa in dem Fall, daß ein Kind „bestimmt" wird, nach § 176 II, V 2. Wiederum steht einer Teilnahme des verkuppelten Dritten an der Kuppelei nichts entgegen.

dd) Konnivenz

Sämtliche Teilnahmeformen des AT finden sich in der international einzigartigen[292] BT-Vorschrift des § 357. Diese Bestimmung enthält sich zwar der AT-Terminologie, ihre Sprache ist aber ohnehin veraltet[293] und verbale Abwei-

291 Dagegen Schönke-Schröder § 180 RN 39: „folgt den Regeln des § 49a" a.F.

292 Vgl. Klinghardt in Mat. zur StrRReform Bd. 2 II AT Bonn 1955, S. 488: die Parallelen in vier anderen Staaten sind dem deutschen Vorbild nachgebildet. Der E 1962 wollte die Bestimmung mangels kriminalpolitischen Bedürfnisses ganz streichen (Amtl. Begr. S.648); in der Tat sind im Jahre 1955 nur vier, 1956 nur fünf Personen nach dieser Vorschrift verurteilt worden (Niederschr. IX 592). Dennoch hat Art. 18 Nr. 187 EG StGB 1974 den § 357 sachlich vorerst unangetastet gelassen.

293 Durch das „Unternehmen" wird die Vollendung doppelt erfaßt; die Limitierung der Akzessorietät hatte den § 357 („strafbare Handlung") bis zum EG 1974 verbal nicht erreicht; der Wortlaut des Abs. 2 („begangene") schließt an sich den Versuch aus.

chungen vom geltenden AT werden einmütig vernachlässigt[294]. Nach dieser Berichtigung ist die Anstiftung, die versuchte Anstiftung, die Beihilfe durch Unterlassen und schließlich auch die Beihilfe durch positives Tun gesondert unter Strafe gestellt, wenn der in Aussicht genommene „Haupttäter" amtlich Untergebener oder Beaufsichtigter des „Teilnehmers" ist.

Trotz dieser offenbaren Anlehnung an die Teilnahmeformen gilt auch bei § 357 die BT-Natur ohne Einschränkung. Die Existenz der Vorschrift und ihren Standort im BT könnte man nicht erklären, wenn sie sich restlos in Teilnahmeformen des BT auflösen ließe; ihre erste Alternative und Grundbegehungsform, das erfolgreiche Verleiten, liefe neben § 26 ganz leer[295]. Demgegenüber bleibt die verbreitete Ansicht von der Anwendbarkeit der „allgemeinen Teilnahmegrundsätze"[296] und der Regeln des unechten Unterlassungsdelikts meist ohne Folgen und löst im übrigen die Probleme nicht, die § 357 aufwirft.

Zu diesen Problemen gehörte zunächst die *Akzessorietät.* Die „allgemeinen Teilnahmegrundsätze" sollten begründen, daß auch hier die „Haupttat" nicht volldeliktisch sein müsse[297], obwohl der bisherige Wortlaut eine „strafbare Handlung" verlangte. Dagegen hat das EG 1974 es für notwendig gehalten, diesen Wortlaut zu korrigieren, also im BT für Abhilfe zu sorgen, gerade weil es sich nicht um ein Teilnahmedelikt handelt. Übrigens wäre § 357 nach Teilnahmegrundsätzen bei *fahrlässiger* „Haupttat" ausgeschlossen. Die Entwürfe[298] hielten es aber zu Recht für notwendig, ihn ausdrücklich auf eine vorsätzliche Tat des Untergebenen zu beschränken.

Entgegen der angeblichen „Teilnahmenatur" entfällt nicht nur die *Strafmilderungsmöglichkeit,* die allgemein bei Beihilfe und versuchter Anstiftung besteht – das ist insoweit gerade der Sinn der Vorschrift – sondern auch die Honorierung der *tätigen Reue.* Mit dieser Konsequenz aus der BT-Natur finden sich auch jene Autoren ab, die sonst eine weitgehende analoge Anwendung der Rücktrittsvorschriften auf materielle Versuchsdelikte befürworten. Die Entwürfe, die dem

---

294 „Verleiten" ist eine Form der Anstiftung, sofern die Tätigkeit nur kausal geworden ist (werden soll); das „wissentliche Geschehenlassen" umfaßt zumindest auch die Beihilfe durch Unterlassen, da der „Teilnehmer" hier stets eine Garantenstellung hat; und endlich folgt hieraus a maiore, daß auch positives Tun erfaßt sein muß.

295 Daher wollten die Entwürfe 1925, 1927, 1930 den Tatbestand auf die versuchte Anstiftung beschränken; der E 1962 hätte ihn auch im Hinblick auf die geplante Unterlassungsvorschrift des AT (Schafheutle Niederschr. XIII 89) ganz gestrichen.

296 Vgl. Maurach BT § 81 IV B 2–3, Schönke-Schröder § 357 RN 4, 7, nach denen der Täter des § 357 kein „wirklicher" Täter ist, sondern Anstifter oder Gehilfe, der nur „als" oder „wie" ein Täter hafte.

297 BGH 2, 169 (171); Baumann 6.A. S. 615; Maurach BT 5.A. S. 747 f.; Schönke-Schröder § 357 RN 9.

298 E 1925, 1927, 1930.

abhelfen wollten, sahen konsequenterweise eine spezielle Rücktrittsmöglichkeit vor[299].

Die Anwendung der Grundsätze des *Unterlassungsdelikts*[300] wäre unverständlich. Denn § 357 bildet ein klassisches Beispiel für den Fall, daß der BT eine Garantenstellung für den Einzelfall fixiert. Die Anwendung des AT würde das Gleichstellungsproblem aufwerfen, obwohl doch ein echtes Unterlassungsdelikt vorliegt.

Auch die h.M. hält *Teilnahme* an dem Delikt des § 357 für unbeschränkt möglich, während diese Möglichkeit erheblich eingeschränkt wäre, wenn die gleiche Straftat im AT durch § 30 allein erfaßt wäre[301]. Das gleiche gilt für den *Versuch*, der je nach dem angesonnenen Delikt strafbar sein kann, aber straflos wäre, wenn § 30 eingriffe[302].

Der Unterschied zu einer AT-Regelung kommt auch in den denkbaren *Konkurrenzverhältnissen* zum Ausdruck. Relevant ist das Verhältnis 1) zu den allgemeinen Teilnahmedelikten, 2) zu der „Haupttat" des Untergebenen und 3) zur Hehlerei der durch diese Haupttat erlangten Sachen.

1) Allgemein besteht die Ansicht, daß bei Erfüllung des § 357 die Anwendbarkeit der gleichfalls erfüllten §§ 26 ff. ausgeschlossen sei[303]. Diese neutrale Formulierung steht in gewissem Gegensatz zu der Ansicht, daß die „allgemeinen Teilnahmegrundsätze" anwendbar seien; denn dann wären die §§ 26 ff. nicht ausgeschlossen, sondern in § 357 integriert. In Wahrheit besteht aber ein normales Spezialitätsverhältnis zu jenen Tatbeständen, die der Untergebene erfüllen soll oder erfüllt hat, jeweils erweitert um die §§ 26, 27, 30 bzw. um den Unterlassenssatz des AT. Diese Erkenntnis stellt klar, daß § 357 die strafbarkeitserweiternden Vorschriften nicht von vornherein „ausschaltet", sondern den mit ihnen im Einzelfall zugleich erfüllten Tatbeständen als Sonderregelung vorgeht, ohne daß irgendwelche Besonderheiten gegenüber anderen Spezialgesetzen sichtbar wären.

2) Erweist sich der Vorgesetzte als (mittelbarer) Täter des angesonnenen Delikts, so scheidet § 357 nicht nach dem Grundsatz „Täterschaft konsumiert Teil-

---

299 Da der durch die E 1925, 1927, 1930 auf versuchte Anstiftung beschränkte Tatbestand schon mit der Einwirkung auf den Untergebenen vollendet ist, ohne daß dieser den Tatentschluß gefaßt haben muß (Amtl. Begr. 1927 S. 81), wurde zudem auf die AT-Vorschrift über die Honorierung auch des nicht kausalen Rücktrittsbemühens verwiesen. Der Verweis ist notwendig, weil ohne ihn § 31 nicht eingreift.

300 So Maurach BT § 81 IV B 2 c, obwohl Beihilfe durch Unterlassen nur „konstruktiv" vorliege.

301 Vgl. nur Schönke-Schröder § 357 RN 11, § 49a RN 43.

302 Vgl. E 1962 Amtl.Begr. S. 155.

303 RG 68, 90; OGH BZ 2, 23; BGH 5, 165; Maurach BT § 81 IV B 1; Baumann 6.A. S. 615.

nahme" aus. Im Falle der mittelbaren Täterschaft ist § 357 vielmehr schon tatbestandlich nicht erfüllt: insoweit einer eine Straftat selbst begeht, „verleitet" er nicht einen anderen zu ihr oder läßt sie durch einen anderen geschehen. Gewinnt er aber einen Untergebenen auf die in § 357 beschriebene Weise für eine Beteiligung an seiner Tat, so ist nicht einzusehen, warum diese Bestimmung nicht zusätzlich – ideal konkurrierend – eingreifen sollte[304]. Denn das durch sie geschützte Gut unterscheidet sich ja von dem, das die andere Strafdrohung schützt[305].

3) Hehlt der Vorgesetzte, entsprechend seinem anfänglichen Ziel, eine durch die Tat des Untergebenen erlangte Sache, so beurteilt sich seine zusätzliche Strafbarkeit aus § 259 zwar ebenso, als wenn er an der Vortat i.S. des AT teilgenommen hätte[306]. Dies ist auch nicht verwunderlich, da meist, etwa im Fall der Anstiftung, eine solche Teilnahme ja durchaus vorliegt und nur verdrängt wird. In bezug auf den insoweit allein durchgreifenden § 357 bedeutet dies aber keine Anerkennung eines „Teilnahmecharakters" dieser Vorschrift. Denn die Frage, ob eine Nachtat als mitbestraft gelten kann, beurteilt sich nach anderen Kriterien als jene, ob der Nachtäter Teilnehmer oder Täter auch der Vortat ist.

III. Die Vorbereitung durch Beteiligung

1. § 111 als „Januskopf"

§ 111 hat keinen „Januskopf"[307]; er steht nicht mit einem Bein im AT, sondern mit beiden Beinen im BT. Er ist weder „aus Bausteinen der beiden Teile des Gesetzes gefügt", noch findet er sich „an einer Nahtstelle zwischen AT und BT". „Mit einem anderen Munde, je nachdem, an welches seiner beiden Gesichter man sich fragend wendet", antwortet er nur, wenn man einmal aus seiner Stellung im BT, ein andermal aus seiner angeblich „wesensmäßigen" AT-Zugehörigkeit Schlüsse zieht, also nur, wenn man die beiden Gesichter in ihn hineinlegt, bevor man sich fragend an sie wendet. Er selbst ist kein Konglomerat aus Bruchstücken beider Teile, so daß auch der Interpret nicht berufen sein kann, solche Bruchstücke „zu einer Synthese" zu fügen[307].

304 So für Mittäterschaft RG 67, 177.

305 So auch E 1925, 1927, 1930, indem sie einen eigenen Strafrahmen vorsehen, da „die Tat des Vorgesetzten u.U. strafwürdiger sein kann als die dem Untergebenen angesonnene" (Amtl. Begr. 1927, S. 82).

306 Daher wird die Entsch. BGH 5, 156, die die Strafbarkeit wegen Hehlerei ablehnte, allgemein als durch BGH 7, 134 überholt angesehen.

307 Alle Zitate aus Dreher, Der Paragraph mit dem Januskopf, in: Gallas-Festschr. 1973, S. 307, 328.

Hat man einmal erkannt, daß der Gesetzgeber die öffentliche Aufforderung zu Straftaten (§ 111) bewußt und nicht aus Versehen als eigenen Unrechtstyp ausgestaltet hat, statt sie als Sonderform der Anstiftung im AT zu etablieren, so ist das Argument aus dem materiellen „Wesen" als Anstiftung, aus dem „Gehalt" der Vorschrift und der „Natur der Sache" verschlossen[308]. Die gesetzestreue konsequente Durchführung der BT-Natur führt nicht zu Unzuträglichkeiten, die eine andere Interpretation erzwingen könnten.

a) § 111 ergänzt die §§ 26, 30 nicht „nahtlos"; er ist nicht Lückenbüßer für alle Fälle, die nach irgendwelchen Kriterien strafwürdig erscheinen, aber von den Teilnahmebestimmungen nicht erfaßt werden[309].

§ 111 erweitert die Strafbarkeit der – erfolgreichen oder erfolglosen – Anstiftung nicht einfach auf alle Fälle, in denen die „Haupttat" faktisch zu unbestimmt ist, um § 26 oder § 30 anwenden zu können. Er begnügt sich zwar mit der faktischen Unbestimmtheit der provozierten Taten, setzt aber andererseits voraus, daß auch der *aufgestachelte Personenkreis unbestimmt* ist. Denn gerade darin liegt die besondere Gefahr für das hier selbständig geschützte Rechtsgut, den öffentlichen Frieden, daß der Auffordernde Geister ruft, die er nicht mehr los werden kann, daß er, wie Dreher sagt, die Fackel aus der Hand gibt und jeden Einfluß darauf verliert, ob sie einen Brand verursacht.

Aus der BT-Natur des § 111 folgt also in diesem Zusammenhang die Straflosigkeit dessen, der *bestimmte* Adressaten zu Straftaten auffordert[310], wenn entweder die angesonnene „Haupttat" zu unbestimmt ist, um § 26 anzuwenden, oder, im Falle der Erfolglosigkeit, wenn er nur zu Vergehen auffordert, so daß § 30 nicht eingreift.

Die angebliche „Auffangfunktion" des § 111 versagt also in den drei ihr zugedachten Fällen: bei Bestimmtheit der Adressaten sowie wenn § 26 mangels konkretisierter Haupttat oder mangels Erfolg und § 30 deshalb ausscheidet, weil die hypothetische Haupttat kein Verbrechen wäre.

Umgekehrt läßt sich § 111 nicht verdrängen, nur weil die Aufforderung konkretisierter ist als notwendig wäre:

b) Auch wenn § 111 erfüllt ist, steht er in keinem Alternativverhältnis zu den Teilnahmevorschriften, sondern kann sich mit den §§ 26, 30 tatbestandlich überschneiden. Unabhängig davon, ob sich § 26 mit der Aufforderung unbestimmt Vieler begnügt[311], kann der Fall der Überschneidung immer dann eintreten,

308 Mit diesen Begriffen begründet Dreher a.a.O. S. 307, 310, 318 die angebliche AT-Seite der Vorschrift.

309 Demgegenüber betrachtet die h.M. den § 111 lediglich als erweiternden Auffangtatbestand für die erfolgreiche und erfolglose Anstiftung, der eines selbständigen Rechtsgutes entbehre; vgl. Lackner-Maassen 8.A. § 111 Anm. 2; Maurach BT 5.A. S. 667.

310 Dreher a.a.O., S. 313. Anders offenbar Baumann AT 6.A. S. 588.

311 So Dreher a.a.O. S. 323 gegen die h.M.

wenn die provozierte Tat bestimmt ist. Denn sicherlich setzt § 111 deren faktische Unbestimmtheit nicht voraus, wenn er sich auch mit ihr begnügt. In diesem Fall führt der BT-Charakter des § 111 möglicherweise sogar zur *Idealkonkurrenz.* Ein Subsidiaritätsverhältnis zur teilnehmend mit verwirklichten „Haupttat" läßt sich zwar m.E. nicht pauschal verneinen[312]; den BT-Charakter der Vorschrift verkennt aber die h.M., wenn sie umgekehrt pauschal Subsidiarität für selbstverständlich nimmt. § 111 schützt eben mit dem öffentlichen Frieden ein eigenes Rechtsgut, während die provozierte Tat den verschiedensten Deliktsgruppen angehören kann. Ob § 111 hinter dieser oder jener von ihnen zurücktreten will, läßt sich nur hinsichtlich konkreter „Haupttaten" beurteilen. Daß er praktisch Lücken füllt und füllen soll, die der AT läßt, macht ihn noch nicht zum bloßen Lückenbüßer; andernfalls hätte ihn das Gesetz in seinen AT aufgenommen, wofür es Vorbilder gegeben hätte.

c) § 111 kennt keine AT-ähnliche *Akzessorietätsproblematik.* Allerdings muß die provozierte Tat tatbestandsmäßig-rechtswidrig sein und rechtlich soweit konkretisierbar, daß der entsprechende Tatbestand den Strafrahmen liefern kann. Das bedeutet aber nicht, daß § 111 sein Unrecht unmittelbar aus jener Tat beziehe, wie es für den AT charakteristisch ist. Vielmehr hängt die Verletzung des eigenen Rechtsgutes – mittelbar – davon ab, daß die Aufforderung inhaltlich auf Rechtswidriges abzielt[313], andernfalls wäre sie nach Auffassung des Gesetzgebers nicht geeignet, den öffentlichen Frieden so nachhaltig zu stören, daß das Strafrecht eingreifen muß.

Diese Auffassung entspricht aber lediglich der kriminalpolitischen Entscheidung des Gesetzgebers und folgt nicht zwingend aus irgendeiner Sachlogik.

Nachdem der Gesetzgeber einmal so entschieden hat, ist die Rechtswidrigkeit und Tatbestandsmäßigkeit der provozierten Tat freilich ein Unrechtselement des § 111[314]; daß dies aber nicht aus sachlogischen Gründen so sein muß, beweist § 180, dem es auf die Verhütung einer „materiellen Haupttat" ankommt, die ihrerseits weder rechtswidrig noch gar tatbestandsmäßig sein muß. Wenn sich der Gesetzgeber hier größere Beschränkung auferlegt hat, so ändert dies an der Selbständigkeit des Rechtsguts so wenig, wie der Meineid ganz ohne Rücksicht darauf vollendet ist, ob sich das Gericht täuschen läßt oder nicht.

Allerdings hat der Gesetzgeber den alten § 110 gerade deshalb gestrichen und damit die Aufforderung zum Ungehorsam gegen Gesetze, soweit sie nicht § 111 erfüllt, gerade deshalb straflos gestellt, weil es „rechtspolitisch nicht zu rechtfertigen" sei, „öffentliche Aufforderungen zu einer Handlungsweise, die selbst strafrechtlich irrelevant sei, zu pönalisieren"[315]. Aus dieser rechtspolitischen Entscheidung folgt zwar eine tatbestandliche Abhängigkeit von

312 So aber offenbar Dreher a.a.O. S. 324.

313 Überdies sieht Dreher a.a.O. S. 317 gerade in der zulässigen Unbestimmtheit namentlich der Zahl der provozierten Taten das typisch Gefährliche des Friedensstörungstatbestandes.

314 Darauf, ob ihre Tatbestandsmäßigkeit und Rechtswidrigkeit zum Tatbestand des § 111 i.S. des § 16 gehört, kommt es in diesem Zusammenhang nicht an.

315 BT-Drucks. VI/502, Bericht des Sonderausschusses S. 2.

der provozierten Tat, aber keine Verwandtschaft mit der Akzessorietät i.S. des AT, die es gebieten würde, eine Sonderabgrenzung zur Anstiftung zu finden.

d) Eines angeblichen AT-Elementes des § 111 bedarf es nicht, um zu erklären, daß sich der *Vorsatz*, wie bei der Anstiftung, nicht auf die Strafbedrohtheit der angesonnenen Handlung erstrecken muß[316]. Der BT kennt eine Fülle von Unrechtsmerkmalen, die nicht Bestandteil des Tatbestandes i.S. des § 16 sind. Daß sich der Vorsatz aber dann nicht auf eine Verletzung des Rechtsguts „Gemeinschaftsfriede" bezieht, läßt sich nicht gegen den BT-Charakter einwenden. Denn noch viel weniger richtet er sich dann auf die Verletzung des durch jenen Tatbestand geschützten Rechtsguts, der durch eine Befolgung der Aufforderung erfüllt würde.

Den für die Anstiftung typischen Doppelvorsatz verlangt § 111 auch aus einem anderen Grunde nicht: er begnügt sich ja damit, daß der Täter vorsätzlich „auffordert", das heißt aber, daß er ernst genommen werden will. Der *agent provocateur* ist also undenkbar[317], will man den gemeinten Fall aber überhaupt in der AT-Sprache ausdrücken, so ist er strafbar, weil sein Vorsatz (es zum Versuch kommen zu lassen) ohnehin weiter geht als notwendig.

e) Schließlich bedarf es des „AT-Elementes" auch nicht, um zu begründen, daß die an einen *omnimodo facturus* gerichtete oder sonst nicht kausale Aufforderung nicht nach Abs. 1, sondern nur nach Abs. 2 des § 111 bestraft werden könne. In der Tat muß der „Haupttäter" mindestens mittelbar von der Aufforderung erfahren haben und, soll Abs. 1 anwendbar sein, seine Tat auf der Aufforderung beruhen. Dies ergibt sich aber schon aus dem Wort „Erfolg" in Abs. 2; denn von einer „Aufforderung mit Erfolg", die e contrario Tatbestandshandlung des Abs. 1 ist, kann nur im Fall der Kausalität gesprochen werden. Das Kausalitätserfordernis folgt also schon aus dem BT-Wortlaut; auf den AT muß hierfür nicht zurückgegriffen werden.

Bei genauer Betrachtung ist aber die Kausalität nicht einmal notwendig zur Vollendung, weil diese auch den Erfolg nicht verlangt. Abs. 2 schreibt mangels Kausalität nur eine Strafmilderung vor. Denn eine Handlung ist nicht „Erfolg" der Aufforderung, wenn sie unabhängig von der Aufforderung begangen wird.

f) Dreher verteidigt die „Janusköpfigkeit" des § 111 noch mit einem Argument, das aber als überholt angesehen werden kann. Die Durchsetzung der BT-Natur habe zu „unerträglichen

316 Dagegen wirkt sich nach Dreher a.a.O. S. 327 hierin das „Anstiftungselement" aus: die Eignung zur Friedensstörung sei „nur gesetzgeberisches Motiv und Hintergrund, nicht aber Tatbestandsmerkmal" des § 111.

317 Die Unbestimmtheit der provozierten Tat schließt den Willen aus, es nur zum Versuch kommen zu lassen. So Dreher a.a.O. S. 326, der zu Recht aus dem BT-„Element" (Friedensstörung) folgert, daß der Täter nicht die Verwirklichung der provozierten Taten wollen, sondern nur billigend in Kauf nehmen müsse, daß die Aufforderung ernst genommen wird.

Ungereimtheiten“ geführt, als § 111 Abs. 2 noch eine selbständige Strafdrohung enthielt. Hat nämlich die Aufforderung zu geringfügigen Straftaten Erfolg, so sind die Konsequenzen für den Auffordernden, einschließlich der kurzen Verjährung, ebenso geringfügig wie für den Verleiteten; denn der Täter haftet „wie ein Anstifter“. Hat sie aber keinen Erfolg und erweist sich so als weniger gefährlich, so wurde der Auffordernde aus dem seinerzeit selbständigen Strafrahmen schwerer bestraft und mit einer längeren Verjährungsfrist bedroht. Diese Friktion hat das 3. StÄG 1953 beseitigt, indem es die Erfolglosigkeit in einen Strafmilderungsgrund verwandelte. Gerade hierin sieht nun Dreher einen Ausweg über den AT. Denn man habe eine Lösung nur gefunden, indem man auch den Abs. 2 des § 111 „an die Anstiftungskomponente annäherte“[318].

Es ist aber nur eine Redewendung, wenn man sagt, der Gesetzgeber habe die Bereinigung dadurch erzielt, daß er auch den Fall der Erfolglosigkeit auf den „Anstiftungsnenner“ gebracht habe. In der Sache läge darin die unrichtige Behauptung, daß die Straffolgeformulierung auf die Zugehörigkeit einer Norm zum AT oder BT schließen lasse[319]. Nicht die Selbständigkeit des Strafrahmens entscheidet aber über die BT-Natur einer Norm, sondern die Selbständigkeit der Unrechtsbeschreibung und damit des geschützten Rechtsgutes.

Damit beantwortet sich auch die rhetorische Frage, ob denn der Gesetzgeber überhaupt berechtigt sei, jemanden „wie einen Anstifter“ oder erfolglosen Anstifter zu bedrohen, der „*der Sache nach* weder das eine noch das andere ist“[320]. Der Gesetzgeber darf den Täter nicht nur deshalb „wie einen Anstifter“ bedrohen, weil dieser „der Sache nach“ – auch – ein Anstifter *ist*[321], sondern weil die Natur der Sache überhaupt keinen Anhaltspunkt dafür hergibt, was er vor der gesetzgeberischen Entscheidung „an sich“ sei. Was er nach dem Willen des Gesetzgebers ist, darüber entscheidet die Tatbestands-, nicht die Rechtsfolgeseite der Norm.

Aus der BT-Zugehörigkeit des § 111 folgt, daß er erst vollendet ist, wenn die Aufforderung irgendwelche Adressaten erreicht hat[322]; andernfalls ist die „Fackel nicht aus der Hand gegeben“ und eine *Rücktrittsvorschrift* wäre unumgänglich[323]. Das Fehlen einer solchen Vorschrift ist ein weiteres Indiz für die Unrechtseigenart dieses Tatbestandes, der erst eingreift, wenn der Täter die Geister, die er rief, nicht mehr loswerden kann.

Ferner bestätigt sich die Berechtigung, vor einer unbesehenen Analogie zu vorhandenen Rücktrittsvorschriften zu warnen, wo immer nach materieller Betrachtung eine Tatbestandserfüllung als „nur formelle“ Vollendung erscheint; danach ließe sich auch § 111 als „versuchtes Anstiftungsdelikt“ oder „unechtes Unternehmensdelikt“ auffassen.

---

318 Dreher a.a.O. S. 309 f.

319 Nach Maurach JZ 1961, 138 ein „robustes, aber doch nicht tiefgründiges Argument“ (bezogen auf § 49a a.F.).

320 Dreher a.a.O. S. 324.

321 So die Antwort Drehers auf seine eigene Frage. Nur mit der Annahme dieses Anstiftertyps glaubt er die Möglichkeit der Idealkonkurrenz wie der teilweise ergänzenden Funktion mit und zu den §§ 26, 30 rechtfertigen zu können. So läuft seine Analyse auf eine Rechtfertigung jenes Tatbestandstypus hinaus, der formell selbständig ist und auch ein eigenes Rechtsgut schützt, materiell aber so stark AT-Funktionen übernimmt, daß auf eine eigene Strafdrohung verzichtet wird.

322 Anders die h.M.; vgl. Schönke-Schröder § 111 RN 6.

323 So auch Dreher a.a.O. S. 313.

§ 111 steht nicht mit „einem Bein", sondern mit beiden Beinen im BT, weil er ein eigenes Rechtsgut schützt. Daran ändert sich nichts durch das gesetzgeberische Motiv, letztlich jene Güter zu schützen, die durch die provozierten Handlungen verletzt würden. Wäre dieses „konkurrierende Rechtsgut" maßgeblich, so hätten wir eine ganze Reihe von „janusköpfigen" Delikten zu konstatieren. Etwa die Zuhälterei stünde „mit einem Bein im BT", weil für die Aufrechterhaltung ihrer Strafbarkeit maßgeblich war, daß sie Nährboden für andere Delikte, namentlich für die Gewaltkriminalität ist. Dennoch hängt nichts davon ab, ob ein konkreter Zuhälterfall zu kriminellen Folgeerscheinungen geführt hat oder nicht. Wenn nun § 111 den Strafrahmen von einem anderen Tatbestand abhängig macht, dessen Erfüllung verursacht oder geplant war, so hat das allein zur Folge, daß jene andere Tat rechtlich bestimmbar sein muß; im übrigen beschränkt sich die Verweisung auf die Rechtsfolgeseite und läßt den BT-Charakter des Tatbestandes unberührt. Denn der Gesetzgeber hat sich sehr bewußt gegen die Akzessorietät entschieden und den Erfolg der Aufforderung noch nicht einmal in der Weise berücksichtigt, daß ein abstraktes Gefährdungsdelikt resultierte. Vielmehr bildet die Erfolglosigkeit einen Strafmilderungsgrund, wie die eindeutige und ganz unübliche Formulierung des Abs. 2 zeigt. Damit beschränkt sich die Tathandlung auf die öffentliche Aufforderung und ist ohne Rücksicht auf den „Erfolg" nicht nur formell, sondern auch materiell vollendet, sobald sie unbestimmte Adressaten erreicht und allein dadurch den öffentlichen Frieden verletzt.

2. § 30 (§ 49a a.F.) als Beispiel für die Argumentation des Gesetzgebers

Auf dem Schnittpunkt zwischen den Materien der Teilnahme und des Versuchs liegt bekanntlich die Strafausdehnungsregel des § 30, die einige Fälle der Verbrechensplanung mehrerer Beteiligter unter die Strafdrohung des geplanten Verbrechens stellt. Fast alle Entwürfe der Vorkriegszeit[324] wollten diese Bestimmung, wie auch ausländische Rechte[325], in den BT verweisen mit der Folge, daß sie, unter selbständiger Strafdrohung, selbst bei sonst gleichbleibendem Wortlaut, statt Teilnahme und „Vorbereitung" Täterschaft und Vollendung voraussetzte. Die ältere Lehre betrachtete den § 49a a.F. sogar de lege lata trotz seiner äuße-

324 Anders nur E 1936; der E 1911 teilte zwischen AT (versuchte Anstiftung) und BT (sonstige Formen) auf. Nachw. bei Dreher GA 54, 12, Schäfer Niederschr. II 205 und Letzgus, Vorstufen der Beteiligung 1972, S. 212.

325 Nachw. Birkmeyer VDA II 1908, 154–157, der auch selbst entschieden die Verpflanzung in den BT fordert. Anders z.B. Italien, Schweiz: nach §§ 9, 24 II schweiz. StGB 1937 wird die versuchte Anstiftung zum Verbrechen wie der Versuch dieses Verbrechens bestraft (Schuldteilnahmetheorie). Ebenso implicite alle Rechtsordnungen, die im Anstifter den (geistigen) Täter sehen. Nach Art. 115 ital. StGB rechtfertigt die Verbrechensverabredung dagegen nur *Sicherungs*maßnahmen, während sich ihre *Straf*barkeit im Einzelfall nach dem BT richtet.

ren Stellung im AT als selbständiges Delikt, dessen Unrechtsgehalt in der Gesinnungsverderbnis oder im Angriff gegen die Staatsgewalt liege[326].

Diese Ansicht beruhte in erster Linie auf der damals weitgehenden Akzessorietät der Teilnahme, die es als absurd erscheinen ließ, einen Tatbestand in die Nähe der Teilnahme zu rücken, der geradezu voraussetzt, daß weder eine reale Haupttat noch auch nur deren Beginn existiert. Die im Jahre 1943 vollzogene Limitierung der Akzessorietät hat diesen Widerspruch gemildert.

Die Lehre von der Eigenständigkeit des § 49a a.F. wurde daher danach nur noch vereinzelt vom Standpunkt der Schuldteilnahmetheorie aufrechterhalten[327]. Dennoch stand es dem Reformgesetzgeber zumindest frei, eine BT-Lösung zu wählen.

Die Frage ist nun, was den Reformgesetzgeber der Nachkriegsentwürfe und der §§ 30 f. des jetzigen StGB veranlaßt hat, den Standort im AT beizubehalten. In der gesetzgeberischen Reformdiskussion hielten sich Zahl und Gewicht der Argumente für eine Regelung im AT oder BT die Waage[328]. Obwohl insoweit also die Notwendigkeit einer gesetzgeberischen Standortentscheidung offenbar war und obwohl man allseits konzedierte, daß „zwingende Gründe der Logik oder Systematik“ weder die eine noch die andere Lösung verlangten[329], wurden im Verlaufe des Entscheidungsprozesses die beiden allein erheblichen Fragen niemals ausdrücklich aufgeworfen, nämlich erstens nach dem Wesen des Unterschiedes zwischen den beiden Teilen des Strafrechts und zweitens nach dem rechtspolitischen Ziel, das Anhänger der einen oder anderen Lösung mit ihrem aufgrund dieses erkannten Unterschiedes geäußerten Standortwunsch verfolgen. Statt dessen fragte man meist nach dem „Wesen“ des § 49a a.F., als ob dieses vorgegeben sei, betrieb hiernach die Einordnung in AT oder BT mit Argumenten, die das Unterscheidungsmerkmal zwischen beiden Teilen als axiomatisch und bekannt voraussetzen, ohne es indes beim Namen zu nennen, und vermied so verbal die offene Konfrontation mit der anstehenden rechtspolitischen Entscheidung.

Die Debatte um den Standort des § 30 eignet sich also vorzüglich zur Falldarstellung unter dem Gesichtspunkt, wie ein Gesetzgeber mit dem ihm zur Verfügung stehenden Instrument der Zweiteilung des Strafrechts umgehen kann. Die beiderseitigen Argumente sollen daher zunächst kommentarlos wiedergegeben werden.

Rechtspolitisch stehen die Befürworter einer BT-Lösung[330] der Vorverlagerung des strafbaren Bereichs allgemein kritisch gegenüber. Sie versprechen sich eine Einschränkung in dreifacher Weise, wenn die Materie des § 30 im BT untergebracht wird:

326 Nachw. Maurach JZ 1961, 138; Dreher GA 54, 15; Letzgus a.a.O. Vgl. auch Haeger, Die Stellung des § 49a im System des RStGB, Diss. Berlin 1903.

327 Vgl. H. Mayer Lb. S. 341; offen in StuB 1967, S. 162.

328 Daher berücksichtigten die ministeriellen Formulierungshilfen für die Große Strafrechtsreformkommission stets beide Alternativen.

329 Vgl. Fränkel Niederschr. II S. 116 ff.

330 Vgl. Lange, Jescheck, Rösch in Niederschr. II 212 ff.

– Dem Bedürfnis, bei gewissen schweren Delikten schon vor Erreichen des Versuchsstadiums strafrechtlich eingreifen zu können, soll allenfalls durch spezielle Pönalisierung von Vorbereitungshandlungen bei den betroffenen Tatbeständen entsprochen werden.

Diese schon bisher bekannte Technik[331] schließt aber nicht nur alle Handlungsformen des § 30 ein, sondern stellt auch andere Vorbereitungen unter Strafe und wird auch von der Gegenansicht für schwere Verbrechen geplant. Durch sie verwandelt sich die „Vorbereitung" so sehr in Vollendung, daß einige Rechtsordnungen nicht einmal tätige Reue honorieren.

– Ferner sei bei spezieller Vertatbestandlichung die Verabredung auch bestimmter *Vergehen* leichter pönalisierbar[332], was sich wegen der Einschränkung der Verbrechenstatbestände als notwendig erweisen könne. Die Aufzählung in Bezug genommener Einzeltatbestände sei aber im AT ein *„Fremdkörper"* und daher hier *„fehl am Platz"*[333].

Auch dieses Vorhaben wird mit eben diesem Argument von der Gegenansicht ebenso befürwortet. Der Streit beschränkt sich daher auf den verbleibenden „harten Kern" des § 30:

– Jenes Minimum an Verbrechensabsprachen, auf dessen Pönalisierung man nicht verzichten zu können glaubt, soll in einem eigenen Tatbestand des BT normiert werden, um es wenigstens mit einem eigenen Strafrahmen bedrohen zu können, der gegenüber den für das Verbrechen angedrohten Strafen erheblich gemildert sein soll. Eine AT-Regelung stelle dagegen *„klare"* Vorbereitungshandlungen unter die Versuchsstrafe und reagiere daher zu scharf.

Gerade gegen diese „nivellierte" Strafdrohung[334] wendet sich aber die Gegenansicht, denn der Strafrahmen wäre dann *weiter*, so daß eine Regelung im BT dem Richter hier *mehr* Ermessen einräumte als bei einer Bezugnahme im AT.

Die seinerzeit noch vorgesehene allgemeine Gefängnisstrafe empfand man aber auch als zu *eng* und betrachtete deshalb den Bezug auf die *„Haupttat"* als notwendig[335].

Der Ausweg, eine Mindeststrafe für besonders schwere Fälle vorzusehen, sei nur ein Notbehelf und widerspreche dem Vorhaben, solche Fälle nur exemplikativ bei einzelnen Tatbeständen zu regeln; dies aber sei hier unmöglich, da Vorbereitungshandlungen zu verschiedensten Verbrechen erfaßt seien[336].

Vor allem aber beruht das Strafbedürfnis bei den Handlungen des § 30 ja nicht darauf, daß der Schutz bestimmter Rechtsgüter die Bestrafung schon der Vor-

331 Vgl. oben B I 1 b) bb).

332 Fränkel Niederschr. II Anh. S. 116 ff. unter Hinweis auf den Tatbestand der Bandenbildung.

333 Fränkel Niederschr. II Anh. S. 118.

334 Schafheutle Niederschr. II 214.

335 Fränkel Niederschr. II 117.

336 Schäfer Niederschr. II 215.

bereitung zu gewissen oder einer Gruppe von Tatbeständen erfordere, sondern allein darauf, daß mehrere beteiligt sind, die sich psychisch binden und daher im allgemeinen gefährlicher sind als andere Vorbereitungshandlungen[337]. Jedenfalls hat der Gesetzgeber dies unterstellt. Diesem rechtspolitischen Gedanken soll der systematische Standort im Rahmen der Beteiligung Rechnung tragen.

Schon diese Gegenüberstellung der rechtspolitischen Argumente zeigt, daß beide Ansichten die ihnen jeweils genehme Konstruktion als „gegeben" zugrundelegen, ohne sie, um die die Entscheidung in Wahrheit ging, selbst zu diskutieren. Die erstreferierte Meinung wendet sich gegen die Versuchsstrafe für „klare" Vorbereitungshandlungen, ohne zu sehen, daß eben dieselben Handlungen nach gesetzgeberischem Ermessen eben dekretierter „Anfang der Ausführung" und damit Versuch werden können und bei ihrer Vertatbestandlichung im BT unversehens zur „klaren" Vollendung werden. Die Anhänger der AT-Lösung wiederum halten Regelbeispiele schwerer Fälle hier für „unmöglich", da „Vorbereitungshandlungen" zu verschiedensten Verbrechen erfaßt wären, obwohl sie doch eben durch eine solche Lösung den Charakter von Vorbereitungshandlungen verlören. Die BMJ-Formulierungshilfe sah Regelbeispiele vor und bewies damit die „Möglichkeit"; denn die „Vorbereitung" wird durch selbständige Vertatbestandlichung zur Vollendung.

In den gleichen Zirkel weist das Argument, daß der in Aussicht genommene Strafrahmen zu eng sei, weil er auf eine Bezugnahme auf die jeweilige „Haupttat" verzichtet. Zur Entscheidung stand doch gerade, ob die geplanten Verbrechen weiterhin den Charakter von „Haupttaten" in bezug auf die in Rede stehenden Verhaltensweisen behalten sollen, d.h., ob § 30 weiterhin als erweiterte Beteiligung zu verstehen sei.

Dogmatisch konnten die Anhänger der BT-Lösung darauf hinweisen, daß mit ihr das schwierige Problem der Konkurrenz zwischen § 30 I und der Anstiftung zu dem dann als bloßes Vergehen wirklich begangenen Delikt entfiele; das früher entgegenstehende Rückfallproblem ist mit dem neuen § 48 (§ 17 a.F.) StGB entfallen[338]. Aber auch die Gegenansicht versprach sich mit der Konstruktion als versuchter Beteiligung die Lösung früherer Streitfragen[339] und konnte auf die Limitierung jener Akzessorietät hinweisen, die noch die angeführten Entwürfe an einer AT-Lösung gehindert hatte[340]. Vor allem aber könne § 28 StGB bei einer Regelung im BT nicht so leicht anwendbar gemacht werden[341].

Auch hier wird übersehen, daß die Anwendung des § 28 ja auch in der Tat fehl am Platze wäre, wenn sich der Gesetzgeber durch Einreihung in den BT für die

337 Vgl. nur Dreher GA 1954, 13.

338 Fränkel Niederschr. II 116 ff.

339 BMJ Niederschr. II Anh. S. 122 unter Hinw. auf Dreher GA 54, 14.

340 BMJ Niederschr. II Anh. S. 121 f.

341 Schafheutle N. II 214. BMJ daselbst Anh. 121 f.

Täterschaftskonstruktion entschieden hätte. Wiederum wurde dieser Kernpunkt nicht berührt, als ob man sich nicht bewußt gewesen sei, vor einer rechtspolitischen Entscheidung zu stehen. Daß sich § 30 als Gefährdungsdelikt auffassen läßt[342], wurde zugunsten der BT-Lösung nicht mehr ausdrücklich angeführt. Dieser Gesichtspunkt führt in der Tat nicht weiter, da sich jeder Versuch so auffassen läßt. Wenn aber die Grenzziehung zwischen gefährlicher Gesinnung und strafrechtlich relevanter Manifestation, die sog. „kriminelle Verteidigungslinie" als spezifisches Legislativproblem des § 30 betrachtet wird, so ist dem entgegenzuhalten, daß eben dies bei jeder Tatbestandsgestaltung des BT zur Entscheidung steht.

Systematisch bot sich bei einer BT-Lösung die zwanglose Einordnung bei der öffentlichen Aufforderung zu (§ 111) und Billigung von Straftaten (§ 140) sowie bei Begünstigung und Nichtanzeige von Verbrechen an (§§ 257, 138)[343], deren gemeinsames Merkmal die als vollendete Täterschaft konstruierte Förderung einer anderen Tat ist[344], während umgekehrt zumindest einige Varianten des § 30 (Sichbereiterklären; Annahme des Erbietens) nur schwer als Vorstufen der §§ 25 ff. begreifbar sind[345]. Systematisch böte sich ferner der Vorteil, daß komplizierte Verweisungen, wie sie das geltende Recht schon in § 159 kennt, entfielen.

Dennoch gaben wohl gerade die systematischen Argumente den Ausschlag für den Sieg derjenigen, die meinten, die AT-Lösung beibehalten zu sollen. Da sich die Regelung auf eine ganze Deliktsgruppe, eben alle Verbrechen, beziehe, bilde der AT quasi automatisch den „dazu geeigneten Ort", während die Einordnung in den BT „gesetzestechnisch offenbar fehlerhaft" sei[346]. Mit den genannten klassischen Tatbeständen des BT sei allenfalls ein gemeinsames Merkmal, nicht aber ein eigenes einheitliches Rechtsgut erkennbar, das durch die Strafdrohung gegen Verbrechensverabredung geschützt werden soll[347]. § 111 schütze die Autorität des Staates, weil er einen *öffentlichen* Angriff auf sie unter Strafe stellt, § 30 jedoch nicht; wegen dieses eigenen Rechtsgutes gehöre § 111 in den BT, § 30 jedoch nicht[348]. Vielmehr stünden die Formen des § 30 „nach ihrem *Wesen* und ihrer tatbestandsmäßigen Erscheinungsform" den §§ 25 ff. näher als

342 Vgl. Dreher GA 54, 12 gegen Kohlrausch-Lange § 49a Anm. I.

343 Rösch Niederschr. II S. 214.

344 Fränkel Niederschr. II Anh. S. 116.

345 Fränkel a.a.O. S. 117.

346 Fränkel Niederschr. II 208 u. Anh. S. 118; Schäfer daselbst S. 76, 205 ff.

347 Dreher GA 1954, 14; Fränkel a.a.O. 116, Letzgus a.a.O. (Fn. 123), S. 213 ff.; a.A. früher v. Liszt (Lb. 25.A. S. 807), Wachenfeld (Lb. S. 552): „Autorität der Staatsgewalt"; Binding Lb. II, 838, H. Mayer Lb. S. 341: „Rechtstreue Gesinnung des Bürgers"; Frank 18.A. § 49a Anm. I; RG 37, 46 u. 57, 243: „Sicherheit der Person".

348 Letzgus a.a.O. S. 213.

etwa den §§ 138 oder 257[349]. § 30 stelle eine Ausweitung der Teilnahme dar[350]. Die Vielgestaltigkeit strafwürdiger Vorbereitungshandlungen mache zwar eine einleuchtende Systematik unmöglich; gerade deshalb sei aber die Einordnung in den BT weder systematisch noch gar logisch präjudiziert[351]. Vielmehr lasse sich die Verabredung als versuchte Mittäterschaft, das Bereitserklären als Vorstufe der Täterschaft, das Bestimmen und die Annahme des Erbietens als versuchte Anstiftung und das Erbieten selbst als Anstiftung zur Anstiftung auffassen; andere erklärten die Annahme des Erbietens als Vorstufe zur (psychischen) Beihilfe, jedenfalls aber, wie auch das Sichbereiterklären „in gewissem Umfang" als erfolglose Beteiligung, „mindestens" aber als Vorbereitungshandlung[352].

Gelegentlich wurde auch die Verwandtschaft mit dem Versuch als tragender systematischer Gesichtspunkt angeführt: die Straffolge weise den Tatbestand dogmatisch als Versuchssonderregelung aus[353]. Eine hierauf gegründete Regelung im Rahmen der Versuchsdefinition dahingehend, daß bei Verbrechen die Ausführung schon mit Handlungen des § 30 beginne, habe den Vorteil einer einheitlichen Straffolge- und Rücktrittsregelung.

Aber auch, wer den dogmatischen Zusammenhang sowohl mit dem Versuch als auch mit der Teilnahme leugnet, kann den Standort im AT damit begründen, daß § 30 eine jenen Erscheinungsformen des Verbrechens gegenüber selbständige Strafausdehnungsregel enthalte, indem er partiell auch Vorbereitungshandlungen unter Strafe stellt.

Auf diesem Standpunkt steht Letzgus[354] mit den neuen StGBern Ungarns und der CSSR. Er lehnt die Verwandtschaft mit dem Versuch ab, weil § 30 gerade durch das Ansetzen zur Ausführung ausgeschlossen wird; er lehnt auch die Verwandtschaft mit der Teilnahme ab: vom Standpunkt der (verworfenen) Schuldteilnahmetheorie deshalb, weil nach dieser jede versuchte Teilnahme am Verbrechen, nicht nur die Formen des § 30 strafbar wären; vom Standpunkt der Verursachungstheorie deshalb, weil nach dieser die Teilnahme ihren Unrechtsgehalt aus der Haupttat bezieht, die im Fall des § 30 gerade nicht existiert, also auch kein Unrecht „hergeben" kann. Als dogmatische Erklärung verbleibe daher allein die „Vorbereitungstheorie", wenn auch nicht in dem Sinne, daß § 30 „selbständig" gewisse Vorbereitungshandlungen pönalisiere[355]; denn dann bezöge er das Unrecht aus sich selbst und gehörte in den BT; sondern als „unselbständigen Tatbestand", „der nicht aus sich selbst

---

349 Fränkel Niederschr. II 208 u. Anh. S. 116 ff.; Dreher daselbst 211.

350 Schafheutle Niederschr. II 214.

351 Fränkel Niederschr. II Anh. S. 116 ff.

352 Fränkel Niederschr. II Anh. S. 118; Dreher daselbst S. 211; Sachbearbeiter des BMJ daselbst Anh. S. 122.

353 Schwalm Niederschr. II 214 f.; ähnlich, wenn auch nicht so weitgehend, schon Dreher GA 54, 13. Scharf hiergegen Welzel Niederschr. a.a.O.; auch Letzgus a.a.O. (Fn. 123) S. 215.

354 Letzgus a.a.O. (Fn. 123) S. 216–221, 224 f.

355 So BGH 9, 131; 14, 379.

heraus verständlich, sondern immer auf einen Tatbestand des BT zu beziehen ist". Es handele sich daher dogmatisch um unselbständige Vorbereitungshandlungen, die, wie Teilnahme und Versuch, aber neben diesen, eine besondere Erscheinungsform des Verbrechens darstellten und *des*halb systematisch ihren Standort nur im AT haben können.

Hiergegen läßt sich aber gerade vom eigenen Ausgangspunkt des Verf. her vorbringen, daß § 30 seinen Unrechtsgehalt entweder in sich trägt oder von außen bezieht. Letzteres kann er nicht tun, weil die Haupttat nicht einmal versuchsweise existiert, ersteres müßte die Vorschrift konsequenterweise in den BT führen.

Insbesondere diese letztlich ausschlaggebende Systematikdiskussion offenbart die Verschleierung des Entscheidungsgegenstandes. Denn mit der Behauptung, die BT-Lösung sei „gesetzestechnisch offenbar fehlerhaft", hätte die Diskussion des hier zugrunde gelegten Verständnisses vom Wesen der Zweiteilung ja erst beginnen müssen; wem der AT einfach deshalb als der „geeignete Ort" erschien, weil sich die Regelung auf eine ganze Deliktsgruppe beziehen soll[356], der hält offenbar die bloße Klammerfunktion des AT für ausschlaggebend. Wem die Varianten des § 30 „wesensmäßig" als der Beteiligung und dem Versuch näher verwandt erschien als den Bezugsdelikten des BT, der verkannte, daß es gerade Aufgabe des Gesetzgebers war, über das künftige „Wesen" jener Verhaltensweisen zu befinden: ob sie durch ihre Einordnung einen eigenständigen „kriminellen Kern" bekommen sollen, wie etwa die öffentliche Aufforderung[357] oder Billigung und Belohnung oder Nichtanzeige von Straftaten, oder ob mit ihnen Versuch und Beteiligung partiell erweitert werden sollen. Im ersten Fall ergäbe sich, wie stets, ein geschütztes Rechtsgut von selbst, und sei es auch nur mit arg konstruierter Auslegung. Schließlich hat man sich auch bei der Nichtanzeige nicht gescheut, das geschützte Rechtsgut in einer sogenannten „Rechtspflege im weiteren Sinne" zu sehen[350], obwohl die rechtlich gebotene Anzeige gerade das Verbrechen und damit auch die Rechtspflege verhindern soll. An sich läge es auch hier viel näher, als Rechtsgüter des § 138 die durch die in Bezug genommenen Verbrechenstatbestände geschützten Güter anzusehen; aber das hat den Gesetzgeber hier an der BT-Lösung nicht gehindert. An sich hätten sich die Reformer fragen müssen, was sie mit dem neuen § 49a – jetzt § 30 – rechtspolitisch erreichen wollen: geht es nur darum, der Polizei bei gefährlichem Verhalten ein früheres Eingreifen zu ermöglichen, so wäre die Präventivgesetzgebung der Länder der gegebene Regelungsort gewesen. Ging es darüber hinaus aber darum, kriminelles Verhalten zu bestrafen, so lag es in der Hand des Gesetzgebers, den kriminellen Kern in der Verabredung selbst zu sehen und entspre-

356 Dieses Argument klingt auch bei Dreher GA 54, 13 unten an.

357 Dreher a.a.O. sieht ein entscheidendes Kriterium darin, daß § 111 eine *spezifische Begehungsweise* beschreibe und *daher* im BT seinen richtigen Platz habe. Offensichtlich kann es hierauf aber nicht ankommen, da klassische Tatbestände, wie etwa Tötung und Körperverletzung überhaupt keine, jedenfalls aber viel weniger Tatbeschreibung aufweisen als § 30.

358 Maurach BT § 79 I.

chend zu dekretieren, indem er einen täterschaftlichen Vollendungstatbestand in den BT einstellte. Sah er den Kern aber im geplanten Verbrechen, so ergab sich ohne weiteres die Notwendigkeit, die Strafbarkeit durch Ausdehnungsregeln des AT zu begründen, sei es unter dem Gesichtspunkt der Beteiligung oder auch des erweiterten Versuchs. Demgegenüber führen Spekulationen darüber, was die Verabredung „wesensmäßig", also vorrechtlich darstelle, nicht weiter; denn gerade diese Einschätzung ist ja ausschließlich normativ. Unter Verkennung des Wesens der Zweiteilung des Strafrechts und der eigenen Entscheidungsgewalt des Gesetzgebers bewegte sich die Reformdiskussion um den Entscheidungsgegenstand herum im luftleeren Raum.

Nachdem sich nun aber der Gesetzgeber bewußt für den Standort im AT entschieden hat, ist dem Rechtsanwender künftig die Auslegung als delictum sui generis ebenso verwehrt wie für einzelne Rechtsfolgen das Argument, daß § 30 „der Sache nach" in den BT des Straf*rechts* gehöre. Vielmehr ist für die Lösung der zahlreichen Einzelfragen, die § 30 aufwirft, von der totalen Bezogenheit der Norm auf den Tatbestand des geplanten Verbrechens auszugehen. Zu den spezifisch aus dem Standort im AT folgenden Lösungen gehört die Straflosigkeit des Versuchs der und der Teilnahme an der Verbrechensverabredung[359]. Daß die Strafbarkeit der Anstiftung zum Anstiftungsversuch eine Ausnahme bildet, beweist der jetzige § 30 I 1, indem er diese „Teilnahme"form in den Rang einer Begehungsvariante erhebt. Im übrigen läßt sich für Versuch und Teilnahme nicht argumentieren, daß § 30 selbst Verbrechen sei; denn dieses Argument betrachtet die Strafausdehnungsregel des § 30 zu Unrecht als „in sich geschlossenen Tatbestand"[360]. Hätte sich der Gesetzgeber wie im Falle der materiell ähnlichen §§ 111, 234a III für den Standort im BT entschieden, so stünde der Teilnahmemöglichkeit nichts im Wege. Die diesbezüglich nun auftretende Divergenz mag man als „Antinomie unseres Gesetzbuches" empfinden[361]; sie beruht aber nach der hier referierten ausführlichen Debatte auf einer bewußten Entscheidung.

---

359 Vgl. allg. Schröder JuS 1967, 293 f.

360 Vgl. zu § 49 a.F. Maurach JZ 1961, 143. Auch die Anstiftung zur Beihilfe zu einem Verbrechen ist keine Anstiftung zum Verbrechen i.S. § 49a, vgl. Schröder a.a.O., S. 295.

361 So Maurach a.a.O.

ERGEBNISSE

1. Der AT des Strafrechts ist eine junge Erscheinung, die sich noch nicht in allen Rechtsordnungen durchgesetzt hat.

2. Es gibt kein allgemeingültiges Kriterium dafür, daß eine Norm in den AT „gehöre". Für diesen Standort sind vielmehr heterogene Gründe maßgeblich. Aber auch das für eine Normgruppe ausschlaggebende Kriterium liefert keinen exakten Maßstab:
   a) Die *Allgemeinheit* der Regelung ist relativ, weil der Punkt nicht festliegt, an dem eine Regelung mit zunehmender Konkretisierung zur „besonderen" wird.
   b) Die *Geltung für mehrere Tatbestände* („Klammerfunktion") ist relativ, weil es zweckmäßiger sein kann, solche Vorschriften in räumliche Nähe der betroffenen Tatbestände in den BT zu ziehen. Andererseits gelten weite Teile des AT nicht etwa für alle Tatbestände des BT.

3. Es gibt auch keine Tendenz, „bewährte" Normen zu verallgemeinern und so den AT auf Kosten des BT zu vergrößern. Historisch ist diese Bewegung zwar feststellbar; stetig fortschreitende Generalisierung liefe aber auf das rechtsstaatlich unvertretbare „Strafgesetzbuch ohne BT", d.h. auf den materiellen Verbrechensbegriff hinaus. Zur Zeit ist diese Tendenz eher rückläufig, indem traditionelle Materien des AT zunehmend eine Sonderregelung bei einzelnen Tatbeständen finden.

4. Dennoch ist es *notwendig,* einen AT vom BT zu trennen und beide präzise voneinander abzugrenzen.
   a) Die *Existenz eines AT* ist notwendig, weil ohne ihn ein modernes Strafrecht schon rein technisch nicht kodifizierbar wäre. Über diese „Klammerfunktion" hinaus spielt der AT aber auch eine unverzichtbare Rolle im Dienste der Einzelfallgerechtigkeit: zur individualisierenden Korrektur der starren Deliktstypen des BT.
   b) Die *präzise Abgrenzung* beider Teile ist notwendig, weil das positive Recht mehrfach an den Begriff des „AT" Rechtsfolgen knüpft (§§ 12 III, 79 IV, Art. 1–4 EG StGB 1974) und weil die Interpretation gewisser Normen von ihrem Standort im AT oder BT abhängt. Zwar ist die Zulässigkeit der Analogie in malam partem nicht auf den AT beschränkt; es verstößt jedoch gegen den nullum-crimen-Satz, wenn man gewisse Strafausdehnungsregeln des AT so interpretiert, als stünden sie im BT.

5. Das *Abgrenzungskriterium* liegt weder im „philosophischen" oder „kriminalpolitischen" Charakter des AT noch in seiner „Allgemeinheit" oder „Grund-

sätzlichkeit". Entsprechend der Heterogenität der Materien des AT sind vielmehr auch die rationes für diesen Standort *verschieden.*

Ein großer Teil dieser Materien ist „geborener" Teil des AT, weil er für alle oder viele Tatbestände „quer durch" die Legalordnung Bedeutung hat. Für diesen technisch bedingten Standort stellt sich kein Abgrenzungsproblem, weil diese Normen ihre Aussage nicht ändern, wenn sie vom einen in den anderen Teil des Strafrechts überwechseln (Beispiel: Rücknehmbarkeit des Strafantrags).

Ein anderer Materienkomplex ist aber „gekorener" Teil des AT; die Standortwahl beruht auf einer Sachentscheidung des Gesetzgebers. Denn diese Normen und ihre Begriffe verändern trotz gleichbleibenden Wortlautes ihren Inhalt und Sinn, wenn sie den Standort wechseln. Zu diesem Komplex gehören die Strafausdehnungsregeln über Versuch und Teilnahme. Abgrenzungskriterium ist hier die *„Formalität", d.h. Rechtsgutsblindheit des AT.* Als Gegensatz ist es Wesensmerkmal des BT, das Verbrechen zu definieren.

6. Die letztgenannte Relevanz der geltenden Einteilung des Strafrechts wird häufig in praktisch bedeutsamer Weise verkannt. Beispiele für derartige *Verstöße* finden sich in der Versuchs- und Teilnahmelehre jeweils sowohl im AT als auch im BT.

   a) Die *Versuchslehre* des *AT* verstößt gegen die Trennung der beiden Teile, wenn sie den Versuch faktisch-anschaulich als Abbruch eines „iter criminis" vor Erreichen eines vorgestellten materiellen Unrechtszentrums („Erfolg") ohne Bezug auf den BT zu definieren sucht (so namentlich die frühere Lehre vom „Mangel am Tatbestand").

      Im *BT* wird gegen den Trennungsgrundsatz verstoßen, wenn man eine Reihe von Tatbeständen als *„Versuchsdelikte"* und andere als Fälle „ausnahmsweise strafbarer *Vorbereitung*" auffaßt und infolgedessen Versuchsfolgen eintreten läßt; auch hier setzt der Interpret ein subjektiv empfundendes „eigentliches" Unrechtszentrum an die Stelle der gesetzgeberischen Definition der Vollendung. Ein praktisch besonders bedeutsamer Verstoß liegt in der Auffassung, daß das *„Unternehmen"* den Versuch im formellen Sinn des AT mit umfasse. Die gesetzliche Definition des Unternehmens ist aber Teil des BT und ihr Merkmal „Versuch" ist daher – im Gegensatz zu § 22 – materiell zu verstehen. Hieraus folgt einerseits, daß der untaugliche Versuch den Unternehmenstatbestand nicht erfüllt, und andererseits, daß auch der Versuch (im formellen Sinn) des Unternehmens denkbar ist.

   b) Die *Teilnahmelehre* des *AT* verstößt gegen die Trennung der beiden Teile, wenn sie eine inhaltliche Abgrenzung von Täterschaft und Teilnahme ohne Bezug auf die Tatbestände des BT entwickelt. Insbesondere verstößt aber die Auffassung von autonomen „Teilnahmetatbeständen" gegen den nullum-crimen-Satz, indem sie in die Vorschriften des AT selbständige Unrechtsbeschreibungen hineinliest.

Im *BT* wird gegen den Trennungsgrundsatz verstoßen, wenn man eine Reihe von Tatbeständen als „Teilnahmedelikte" auffaßt, sie demzufolge einer „Akzessorietät" unterwirft und Teilnahmefolgen eintreten läßt, wo der Gesetzgeber sich für die Bewertung als selbständige Unrechtshandlung entschieden hat. Zu diesen Folgen zählt namentlich die vermeintliche Unfähigkeit des gedachten „Haupttäters", das „Teilnahmedelikt" zu begehen oder sich an ihm zu beteiligen oder wenigstens der Ausschluß der Konkurrenz zwischen beiden verwirklichten Tatbeständen.

7. Eine Durchsicht der bisher als „Versuchs-" oder „Teilnahmedelikte" eingestuften Tatbestände ergibt, daß keiner von ihnen nur äußerlich im BT beheimatet, sachlich aber dem AT zuzurechnen wäre. Alle bisher zweifelhaften Fälle sind daher – auch dort, wo das Gesetz selbst von „vorbereiten", „teilnehmen", „fördern" etc. spricht – als täterschaftliche Vollendung zu behandeln. Daß sich die Tat materiell oft als Vorstadium oder Hilfeleistung zu einer anderen Tat darstellt, verschlägt dabei nichts; denn eine solche materielle Betrachtungsweise wäre grenzenlos, weil sich letztlich bei allen Tatbeständen ein intensiveres Unrecht jenseits der Vollendung vorstellen läßt.

8. Allein dem Gesetzgeber obliegt es, hier eine Grenze zu ziehen und ein Verhalten durch die Standortwahl im AT oder BT als täterschaftliche Vollendung einzustufen oder nicht. Freilich muß er sich bewußt sein, daß er mit der Standortwahl eine solche Entscheidung trifft. Häufig geht er zwar in seinen Beratungen verbal davon aus, daß ihm das „Wesen" eines Delikts vorgegeben sei und daß ihm nur die Aufgabe zukomme, dieses „Wesen" zu erkennen und das Delikt entsprechend dieser Erkenntnis in den ebenfalls vorgegebenen Rahmen von AT und BT richtig einzuordnen. In Wahrheit verbirgt sich aber in der Diskussion über das „Wesen" die kriminalpolitische Auseinandersetzung über die dezisionistische Gestaltung des betreffenden Delikts. Man muß deshalb als gesetzgeberische Entscheidung hinnehmen, daß etwa § 30 seinen Platz nicht nur äußerlich im AT und § 111 nicht nur äußerlich im BT erhalten haben, sondern aus diesem Standort auch sachlich alle Konsequenzen ziehen.

MIX
Papier | Fördert gute Waldnutzung
FSC® C083411

Kolibri 360 GmbH
Ferdinand-Jühlke-Straße 7
99095 Erfurt, Deutschland
produktsicherheit@kolibri360.de